What the Best Leaders See

The Power of Noticing

信息背后的信息

[美] 马克斯·巴泽曼 著
Max H. Bazerman
唐文龙 孔令红 译

浙江人民出版社
ZHEJIANG PEOPLE'S PUBLISHING HOUSE

湛庐 CHEERS

与最聪明的人共同进化

HERE COMES EVERYBODY

前言

为什么那些重要的信息你总是视而不见

一个人要历经多少次回首，才能装作视而不见？

——鲍勃·迪伦，《随风飘散》

“9·11”事件发生后的几个夜晚，我总是会从睡梦中惊醒，脑海中呈现的是第二架飞机被挟持着撞向世界贸易中心第二座塔楼的画面。生活中的各种压力很少会影响我休息，我的睡眠质量通常很高，而且基本记不住自己究竟做过什么梦。现在连续好几个夜晚，我都被同样的恐怖画面惊醒，无法再次入睡，这对我来说真的很罕见。既然如此，我干脆不再睡觉，在凌晨时分径直去家里的办公室，思考像我这样的社会科学工作者对于发生在美国的这一悲剧会有怎样的看法。几个这样的夜晚之后，我形成了一个模糊的观点："9·11"事件其实是可以预见的，也应该是可以避免的。以下就是我在那几个清晨简略记录下来的论证要点：

- 美国政府早就知道恐怖分子对美国的仇恨与日俱增，而且愿意成为“殉道者”；

- 1993 年，恐怖分子曾用炸弹袭击世界贸易中心；
- 1994 年，恐怖分子曾挟持一架法国航空公司的飞机，试图用这架飞机撞毁埃菲尔铁塔，但没有成功；
- 同样也是在 1994 年，恐怖分子试图在亚洲同时挟持 12 架美国商用飞机；
- 乘客都知道，类似于小刀这种可以当作武器的东西是很容易带上飞机的。

这些想法形成后不久，在和当时哈佛商学院的同事迈克尔·沃特金斯（Michael Watkins）一起喝咖啡的时候，我提起了这些对“9·11”事件的分析。沃特金斯请我到他的办公室，找出了一份名为《可预见的危机》（*Predictable Surprises*）的文件，后来这个文件名也成了 2003 年我们合著之作的书名。这本书着重讨论了针对可预见的危机，个人和组织该如何识别、处理并采取行动，以避免严重的后果。在将“9·11”事件视作一次可预见的危机进行分析的那个章节，我们预见了“9·11”调查委员会对于此次事件的最终结论：“‘9·11’恐怖袭击虽然令人震惊，但本不应该发生。”[1]

专注可能潜藏危机

与沃特金斯一起撰写书稿时，我在决策研究领域已经算是一位知名的学者和教师。我曾撰写过该领域的前沿教材，也认为自己在生活里做决策做得相当好。2013 年，我与戴维·格根（David Gergen）一起被推选为哈佛大学肯尼迪政府学院“公共领导力研究中心”的负责人，共同指导该中心的工作。我逐渐得出了这样一个强有力的观点：**本质上，领导力产生于个人、团队和组织所做的有效决策。**对于这之间的关系，我脑海里一直都有些想法，不过直到撰文论述“可预见的危机”之时，这一想法才变得更加清晰。我开始意识到，我在理解人的决策失误方面存在严重的缺陷，同时在决策领域的科学与管理文献方面也存在着不足。我越来越清醒地意识到，如果我们的领导者无法正确解读那些非典型数据，很可能就会产生严重的后果。

我生活中的另外两个小插曲让我充分认识到这样一个道理：**我们所有人都会忽视一个基本的事实，即拓宽视野能够带来长远的好处**。第一个是在 2003 年，我参加了另外一位哈佛同事马扎林·贝纳基（Mahzarin Banaji）的学术报告会。其间，她播放了一段视频，这段视频是由心理学家乌尔里克·奈瑟尔（Ulric Neisser）在 20 世纪 70 年代制作的，可能有人曾经看过。在开始播放这段 18 秒钟的视频之前，贝纳基告诉观众，他们将看到两队三人组合传篮球的重叠影像。其中一队三人组合身着白色球衣，另一队三人组合身着深色球衣。我们的任务是数清楚身着白色球衣的三人组合总共传了几次球。由于两队人员的影像重合，再加上胶片的影像效果模糊不清，所以这个任务显得不太容易。在继续往下阅读之前，你不妨去网上找一下这个视频，试着数一数，身着白色球衣的队员一共传了多少次球。

我自信自己数清了身着白色球衣队员的传球次数。贝纳基公布答案，传球次数为 11 次，这和我数的次数相同，我感到很自豪，在心底里夸奖自己。不过她接着向几百名观众提问，他们是否在视频中看到了其他奇怪的事情。坐在报告厅后面的一位女观众声称她看到一个打着伞的女人从球员前面走过。这一说法着实离奇，当另外几名观众也证实了这位女士的说法时，我更加惊讶了。

贝纳基接着重新播放了一遍视频。的的确确，我可以清楚地看到有一个打着伞的女人从两组球员中间走了过去。如果不去全神贯注地数传球次数，很容易就能看到她。如果你看完视频还是不相信她在那里，那么请再看一遍。这段视频有许多衍生版本，最有名的是用一个身穿大猩猩服装的人代替那个打着伞的女人。心理学研究者克里斯·F. 查布利斯（Chris F. Chabris）和丹尼尔·J. 西蒙斯（Daniel J. Simons）以这个版本写了一本名为《看不见的大猩猩》（*The Invisible Gorilla*）[①] 的书，书中对这项任务做了精彩阐述。

我没有看到那个打着伞的女人，这种情况很普遍。在数次实验结果中，大

① 该书中文简体字版已由湛庐文化策划，中国人民大学出版社出版。——编者注

约有 79%~97% 的观众没有看到她。很多心理学研究文献对此现象做了解释，但我仍然感到很吃惊。当我在课堂上播放这段视频的时候，我的学生也像我一样，只顾着关注传球的次数，因而忽视了呈现在他们眼前的显而易见的重要信息。我观看这段视频之后的很多年，一直为当时没有看到那位打着伞的女人而感到困扰，因此在过去 10 年中，我的研究和教学工作围绕着这一困扰展开。

当然，生活中的成功并不取决于能够通过克服错觉去发现打着伞的女人。不过，拥有一项通过严格训练而获得的专注力肯定比没有要好一些。然而，我仍然想知道拥有这种专注力是否需要付出某种代价？抛开错觉不谈，专注是否会限制我们觉察重要信息的能力？在我们学会注意伞或者大猩猩之后，是否还有其他需要学习的东西，即觉察到所有（至少看到更多）类似于伞和大猩猩之类的重要信息？

这些问题又引发了另一个小插曲，使我对于觉察力的思考逐渐成形。2005 年，我接受了一家在《财富》杂志排名前 20 位的企业的邀请，为该公司的 75 名高管设计一门适用于外交场合的有关决策和谈判的课程。这次课程以小组形式进行，每一次课程大约有 15 名高管参与。我们围绕他们最近在谈判中遇到的错综复杂的特定挑战进行案例分析。在课程开始之前，他们把 3 位看起来非常杰出的人士介绍给我，说是作为我课程的“特别顾问”，并告诉我这 3 个人具备课程中需要用到的专业知识。这一状况让我有些疑惑，于是我询问同我一起参与课程设计的一名高管，请他解释一下这究竟是怎么一回事。我得知，3 位顾问中的两位曾经担任该公司所在国的驻外大使，也曾在案例分析中所涉及的国家做过外交大使，而第三位曾是一名级别相当高的情报官员。我记得自己当时是这样想的，在课程即将开始之时，了解到这些重要信息应该是不错的。

但是后来的情况让事情变得更为复杂，这 3 位外交官在课堂上似乎可以随时打断我，而且对此毫不在乎。更糟糕的是，他们所发表的评论与课程内容并没有多大关系，至少根据我的授课计划是这样的。坦率地讲，我一开始的反应是很恼火。但是经过半天的授课，我开始对他们所发表的评论大为赞赏。我意识到，他们的存在并非毫无意义，他们能够提供一些独到的见解。他们所发表的评论之所以独到，是因为他们能够置身于企业高管和我所关注的范围之外来看待问题。这些外交官打破常规思考问题，有条不紊地消除了其他人碰到的各种障碍。一直以来，这些高管和我针对碰到的问题，能够提前想到下一步对策，并通过分析我们认为相关的数据来把工作做好。然而，这几位外交官却能够提前想到之后的第三步或者第四步该怎么走，并且在这个过程中还会涉及更多的数据以帮助思考，并提出有趣而重要的见解。他们往往能够直观地考虑与一国的谈判结果将如何影响其他相邻国家的决策和行为。

回想起我没能看到那个打着伞的女人，我意识到自己非常善于处理面前那些显而易见的数据，但不擅长觉察到其他信息，而这些信息有助于我达成工作以及其他方面的目标。最终我开始意识到，这些外交官们能够觉察到非常规性的重要信息。这是一种可能让我们所有人从中受益的技能，特别是对于那些领导他人做出决策和采取行动的领导者。在为该公司高管授课的过程中，我对自己的研究提了一个全新的截然不同的问题：我们能否运用一些技巧，用来克服人类在认知上的自然边界呢？就像我在本书中将阐述的那样，答案是肯定的。

信息背后的信息容易被人忽略

就如这些小插曲所揭示的那样，本书内容的基础是我的亲身经历。它讲述了缺乏觉察力将会导致不良的个人决策、组织危机和社会灾难等。本书详述了所有这些情形，重点介绍了在觉察到易受忽视的重要信息这一领域的新近研究成果。通过对自身经历和过去十几年的研究工作进行归纳总结，我设计出一个图谱，它能够帮助我们所有人觉察到那些特别容易忽略的重要信息。

诺贝尔经济学奖得主丹尼尔·卡尼曼（Daniel Kahneman）在他的畅销书《思考，快与慢》（*Thinking, Fast and Slow*）中，讨论了基思·E. 斯坦诺维奇

（Keith E. Stanovich）和理查德·F. 韦斯特（Richard F. West）关于两套思维系统的区别的观点。[2] 第一套思维系统是我们的直觉系统：速度快、无意识、毫不费力、模糊和情绪化。我们的绝大部分决策都发生在第一套思维系统。相对而言，第二套思维系统是我们的理性系统：速度较慢、意识更强，需要付出努力，但也更明确、更有逻辑。

我在纽约大学的同事多莉·舒格（Dolly Chugh）发现，管理工作的超快节奏使高管通常依赖第一套思维系统来做出决策。本书的读者大概也都是工作忙碌的人士，因而在决策时也会依靠第一套思维系统。遗憾的是，当我们依赖第一套思维系统来做出决策时，相较于使用第二套思维系统时，我们更容易受到偏见的影响，从而限制自己的认知。

要想在复杂的环境中觉察到很多人觉察不到的重要信息，我们通常需要依靠第二套思维系统的运作。与此相似，博弈论所倡导的逻辑本质上正是第二套思维系统中的逻辑。它需要我们抽身出来分析情势，提前一步或者若干步进行思考，并设想其他人将对我们的决策做出怎样的反应，这个过程通常是直觉型第一套思维系统无法完全达成的。因此，第二套思维系统和博弈论在很大程度上也要求具备觉察力。本书将帮助你在更多时候依靠第二套思维系统来做出重要判断与决策。如果做到这一点，你将发现自己能够从所处环境中觉察到相关性更强的信息。那些并非一目了然的信息通常都与直觉相悖，觉察到它们正是第二套思维系统的作用。**这也正是本书的写作目的与期许：通过第二套思维系统来拓宽你的视野，从而指引你做出更有效的决策、犯更少的错误。**

识别重要的信息，做出更有效的决策

觉察力所起的作用深深地植根于快速演变的行为决策研究领域，现今已经凭借《助推》（*Nudge*）、《思考，快与慢》、《怪诞行为学》（*Predictably Irrational*）等广受赞誉的图书流传开来。同时，它也应用于很多其他领域，包括行为经济学、行为金融学、行为营销学、谈判，以及行为法。这些研究都以赫伯特·西蒙（Herbert Simon）的“有限理性”（bounded rationality）概念为基础，丹尼尔·卡尼曼和阿莫斯·特沃斯基（Amos Tversky）关于系统性、可预见偏好的研究成果甚至对最聪明的人群都产生了影响。西蒙的研究成果帮助他获得了 1978 年诺贝尔经济学奖，而卡尼曼在 2002 年也获得了该奖，如果他的合作研究者特沃斯基还在世的话，将与他共享此项殊荣。从根本上来讲，卡尼曼和特沃斯基发起了一场针对传统经济学模型的革命，长时间以来，传统经济学一直都在假设人是完全理性的。

我过去几十年的研究工作都是以这本书的内容为基础的。我在西北大学凯洛格管理学院和哈佛商学院教授决策课程，并认为有责任将行为决策学研究成果应用到谈判和行为伦理学领域。然而，“有限理性”概念和行为经济学所影响的领域大都是关于我们如何错误地根据摆在面前的信息来界定问题。相反，觉察力关注的是我们的有限意识，它是一种能够使我们从所处环境中看到或找出已存在的重要信息的系统的、可预见的方法。

在《思考，快与慢》中，卡尼曼确实触及到了觉察这一主题，解释了人们如何根据有限的信息匆忙得出结论。他引入了“WYSIATI”这一缩略语，即“你所看到的就是全貌”（what you see is all there is），用来描述在这一错误认识基础上所做的决策。本书着重论述了人在思考过程中的局限性，帮助读者识别出那些先前没有看到或者觉察到的重要信息，并且解释了我们应该怎样应用这种知识来找出最有助于做出重大决策的信息。虽然我也同意卡尼曼关于人们各种行为的解释，但是我想让领导者意识到“你看到的并非全貌”（what you see is not all there is，WYSINATI），并知道何时以及如何获取那些容易忽视的重要信息。

我们随时随地都会碰到一些状况，所以打破这一局限性的需求是迫切的。最近发生的一系列危机不是因为人们错误地使用了信息，而是因为每个人，尤其是那些负责解决问题或者防范问题发生的领导者，经常忽视那些有用的信息：

- 许多人没有觉察到，数据明确显示寒冷的天气会给“挑战者”号航天飞机的发射带来危险。
- 许多人忽视了安然公司（Enron）的财务报告具有欺骗性的事实。
- 许多人没有意识到伯纳德·麦道夫（Bernard Madoff）所声称的投资回报是无法实现的。
- 宾夕法尼亚州立大学（Penn State University）性侵儿童案件明明就在人们眼皮子底下发生，但是许多人却视而不见。
- 预见到美国房地产市场会引发一场全球性金融危机的人少之又少。

这些危机事件的发生说明了，即使是十分聪明的人，也经常无法觉察到重要的信息。

当今社会有许多失败案例让我们感到非常诧异，为什么会发生这样的事情呢？为什么我们无法预见这件事的发生？本书对此做出了解释和说明。我十几年的引证研究显示，由于人们往往戴着只关注有限信息的眼罩，因此即使是成功人士，也无法觉察到所处环境中的那些业已存在的重要信息。能够看到这些额外信息对于我们的成功至关重要。未来，这一能力也将被证明是成功领导者的特质。我们在觉察那些额外的重要信息的同时，也应该看到专注力的诸多益处。本书将帮助各位在适当的时候寻求更有用的重要信息，并帮助你学会如何将其应用到决策当中。这本书将向你提供觉察力的重要工具，让你可以在探索求知的过程中拓展视野，学会觉察，并受益一生。

目录

前 言 为什么那些重要的信息你总是视而不见 / I

第一部分 是什么阻挡你获知重要的信息

01 无意盲视和有限认知，你看到的很少是全貌 / 003

你是否需要其他信息

创造新选择，别让自己受限于眼前选项

打破常规，克服无意盲视和有限认知

02 动机性盲视，每个人都有利己偏好 / 019

承认自身利益的存在

克服动机性盲视，做出有效决策

03 领导者失误，从疏于监管开始 / 033

领导者的障眼之物

看不到重要信息，就无法对组织施以监管

关键不是更多的监督，而是更明智的监督

04 集体盲视，把所有事都视为理所当然 / 049

共同的行为不代表正确

质疑目前的做法，多问为何不

注意环境、组织和系统的缺陷

撕开公开透明的假象

05 刻意误导，你的关注焦点被有意转移 / 069

购物中的营销误导

你的问题被有意回避

澄清问题，避免在谈判中被误导

确保信息共享，避免误导团队

06 滑坡效应，未注意到逐渐发生的变化 / 087

大错都是从小错开始的

过度自信会导致决策偏差

坦白错误，避免不道德行为逐步升级

第二部分 如何捕捉重要的信息

07 第二视角，留意本该发生但未发生的事 / 105

从对手没有做的事情上推论

遗漏偏差会让我们高估行动的伤害

提高透明度，促使系统做出改变

具备第二视角，像福尔摩斯一样思考

08 保持理性，考虑相关者的行为和动机 / 121

识别陷阱，有时不行动才是对的

别以自己想要的方式看世界

好到近乎不真实，需要进一步判断

09 超前思维，至少要超前一步思考 / 139

预测决策可能产生的后果

提前考虑他人的决定

超前一步思考的负面影响

10 间接效应，觉察间接影响 / 157

间接影响往往被人忽略

间接行为者负有更大责任

领导者要考量目标设定的间接影响

觉察间接影响是对领导者的挑战

11 采取行动，规避可预见的危机 / 173

危机的发生完全是可以预见的

忽视可预见危机的 3 大原因

预防可预见危机的 3 个关键

善于觉察，危机也是机遇

结　语　如何才能看见信息背后的信息 / 189

致　谢　/ 199

译者后记　/ 203

扫码获取“湛庐阅读”App，
搜索“信息背后的信息”，
获取如何用 4 条线连接 9 个点的答案。

THE

POWER

OF

NOT!C!NG

第一部分

是什么阻挡你获知重要的信息

THE POWER OF NOT!C!NG

01

无意盲视和有限认知，你看到的很少是全貌

模拟训练

- 有一支赛车队在这个赛季很成功，队员们正准备参加本赛季最后一场比赛。在车队完成的 15 场比赛中，有 12 场取得了前 5 名的成绩。
- 该赛车队的赛车在 24 次比赛中，有 7 次都出现了垫片故障，另外有 2 次由于其他原因中途退赛。这 7 次垫片故障都造成了不同程度的引擎损坏。（F1 比赛中，每场比赛一个车队最多只能有两辆赛车出赛。）
- 引擎技师认为，垫片故障与其周围气温有关。过去几次垫片出现故障时，气温分别为 11.7、13.3、14.4、17.8、21.1、21.1 和 23.9 摄氏度。而造成引擎损害最严重的那次故障发生在气温最低的时候：11.7 摄氏度。比赛前一天晚上的气温低于 0 摄氏度，比赛开始之前的气温也只有 4.4 摄氏度。
- 赛车队的首席技师不同意引擎技师的看法，他认为垫片故障与低温无关，他还指出让赛车待在维修站是赢不了比赛的。
- 在上两场比赛之前，赛车队就已预先更换过垫片的位置，因此这个问题有可能已经解决了。但是，那两场比赛的气温都达到了 21.1 摄氏度。
- 今天的这场比赛备受瞩目，电视台也将对其进行全国直播。
- 接下来，请你做出评估。如果这个赛车队在这场比赛中能够取得前 5 名的成绩，就将赢得很大一笔赞助，这会让赛车队在下一年度有很好的财务状况。但是，如果在全国电视直播时赛车发生垫片故障，赛车队将会破产。不参加此场比赛或以前 5 名的成绩完赛，两者对赛车队的竞技地位都不会有根本性的影响。

如果是你，你会参加比赛吗？现在请你做出决策。

欢迎来到我的管理者决策课，在本书中，我希望通过我的论述来阐述管理者如何做出决策这一问题。我经常通过模拟训练来开展课堂教学，针对来自企业的管理者学员，我最喜欢的模拟训练就是由杰克·布里顿（Jack Brittain）和西姆·希特金（Sim Sitkin）所设计的一项决策训练。这项训练要求学员做出决定，在某一天的特定情况下是否要去参加赛车比赛。在将模拟训练材料展示给你之前，我想向你说明，在这项训练中我们并不是真的要去讨论深奥的赛车或者引擎之类的话题，我在课堂上也是这么事先对学员声明的。

你是否需要其他信息

我的管理者学员所阅读的训练材料的内容概要就是你在前一页的“模拟训练”中所看到的。[1]

实际的模拟训练会为决策者提供更详尽的信息，不过这一训练材料已经具备问题的核心要素。当管理者在阅读这些材料时，我在课堂上对他们说了3次：“如果各位需要其他信息，就告诉我。”诸位是否还需要其他信息呢？比如说，如果你想要确定垫片故障是否与气温有关，你还需要哪些数据？

课堂上的绝大多数管理者学员并没有询问其他信息，而且他们绝大多数都决定去参加这次比赛。他们推理的依据是，这个问题的发生概率仅有7/24，而且就像赛车队的首席技师所言，让赛车待在维修站是赢不了比赛的。我的学员也认为低温可能会引发故障，但这一因素具有不确定性。

不过，有少数管理者学员向我索要了关键信息，用来验证有关气温的假设。如果想知道引擎故障是否与气温有关，你需要知道引擎发生故障或者未发生故障时的气温吗？你是否需要同时知道这两个问题的答案？任何拥有引擎技术相关知识、统计学基础知识或者具备一点逻辑常识的人都明白，这两个问题的答案需要同时知道。尽管已经被再三告知，“如果各位需要任何其他的信息，就请告诉我”，但是绝大多数管理者学员并没有询问在比赛过程中引擎正常工作时的气温信息。

对于那些极少数向我索要在比赛中没有发生垫片故障时气温信息的管理者，我向他们提供了一个补充信息包，其中说明了比赛中没有发生垫片故障时的气温分别为：18.9、20、20.6、22.2、22.8、23.9、25.5、26.1、26.7 和 27.8 摄氏度。另外，21.1 和 24.4 摄氏度的比赛各有两次，19.4 摄氏度的比赛有 3 次。

知道这些信息会让你对事情的看法有所改变吗？现在你可能觉察到，赛车队在气温低于 18.6 摄氏度时的 4 次比赛都未能完成，这说明低温与垫片故障之间具有高度的关联性。请参见图 1-1，可以让各位更容易理解。

事实上，如果将所有 24 次比赛的数据进行逻辑回归分析，就能够得知最后一次比赛失败的概率超过 99%。但是如果不知道所有比赛的数据，你就无法得出这一结论。绝大多数管理者学员都没有索要这些数据，因而他们会决定去参加比赛。

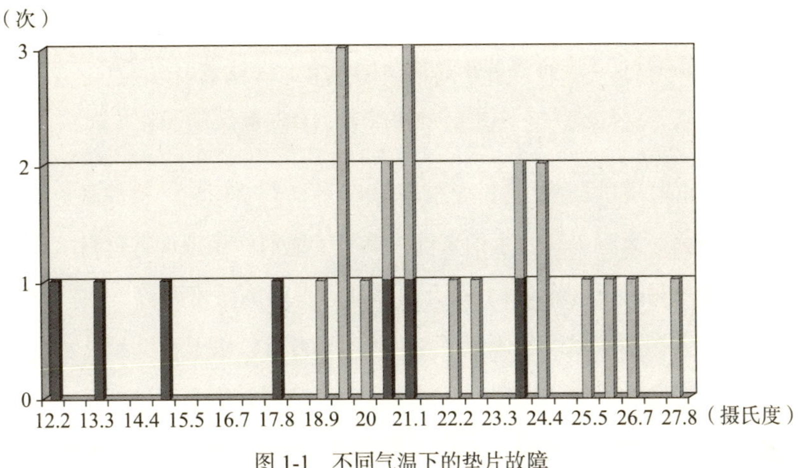

图 1-1　不同气温下的垫片故障

如果各位不知道如何进行逻辑回归分析，也不用担心，因为你也没有必要知道，一些简单的思考就能起到同样的作用。或许表 1-1 能够说明问题。

表 1-1　垫片故障数据分析

气温（摄氏度）	出现垫片故障的比赛次数	比赛总次数	概率
<18	4	4	100%
18~22	2	10	20%
22~27	1	9	11%
>27	0	1	0%

在我的课堂讨论中，如果某位管理者因为索要了另外 17 次比赛的相关数据而给出了正确答案，其他学员就会提出反对意见，会认为信息的分配不公平。我指出，有件事情我重复过 3 次：“如果各位需要其他信息，就告诉我。”这些管理者回答道，在他们参与的其他案例分析中，教授会提供解决问题所需的全部信息。他们说得没错。但是，当事实上还需要其他信息时，我们却经常认为自己似乎已经拥有了做出决策所需的全部信息。

你所看到的很少是全貌。能够让情况大为不同的是，习惯于提出“我希望知道什么信息？”“还有哪些信息能帮助我更全面地做出决策？”等类似的问题。这能够帮助你成为一个更好的决策者，有时甚至能挽救生命。

杰克·布里顿和西姆·希特金根据1986年1月27日，“挑战者”号航天飞机发射的前一天晚上所发生的事件，撰写了他们的模拟训练材料。莫顿聚硫橡胶公司（Morton Thiokol）的工程师具有专业的技术素养，他们和公司管理人员与美国国家航空航天局（NASA）的官员讨论了在低温环境之下航天飞机能否安全发射这一问题。莫顿聚硫橡胶公司是为美国国家航空航天局制造航天飞机引擎的分包商。各位如果知道，在之前所进行的24次航天飞机发射中，有7次都出现过O形密封圈故障，就不会奇怪于莫顿聚硫橡胶公司的工程师向他们的上级和美国国家航空航天局的管理人员提出建议，在低温环境之下不应该发射航天飞机。他们认为，之前的那7次O形密封圈故障在很大程度上与低温有关。美国国家航空航天局的人员并不认同这些工程师的意见，争辩说证据并不充分。

许多经验丰富且受过严格训练的美国国家航空航天局工程师都没有看出天气因素与O形密封圈故障有明确的相关性。但是很明显，从他们拥有的专业背景来看，他们显然应该知道，要判断引擎故障是否与户外气温有关，必须同时掌握问题出现与未出现之时的温度情况。但是，莫顿聚硫橡胶公司没有提供之前那17次未发生O形密封圈故障的火箭发射时的气温信息，而美国国家航空航天局也没有索要这些信息。就像在赛车模拟训练中那样，对所有数据进行分析，就能清楚地显示出气温与O形密封圈故障之间的联系，进而切实预计到“挑战者”号发射失败的概率远超99%。但是，与很多人一样，工程师和管理人员将自己局限在了显而易见的数据之中，而没有问过自己需要哪些数据来对温度假设进行验证。

我们经常听到这个说法：“打破常规看待问题。”但是在面对问题、做出决策的时候，我们很少对自己发问：眼前的数据是不是回答问题所需的正确数据。要求获得正确的数据将有助于你成为一名更好的决策者。

灾难分析记录显示，“挑战者”号航天飞机的爆炸是由固体火箭助推器上的一个O形密封圈因低温发生的故障而引起的。“挑战者”号的工程师和管理人员是一群聪明、善良的人，但由于受限于眼前的信息，没有考虑到还需要更多的信息，因而犯了巨大的错误，造成7名宇航员罹难，这成为美国国家航空航天局历史上最严重的灾难事件。令人遗憾的是，这种错误非常普遍。我们可以从行为心理学得知，所有人在做出决策之时，通常都深受这一错误所害，即认为“你所看到的就是全貌”。也就是说，我们将自己的分析限制在了那些容易获得的数据中，而没有去深究什么数据有助于我们更好地解决所要应对的问题。即使读遍最新的决策研究文献，也并不能保证我们能够免受其害。

创造新选择，别让自己受限于眼前选项

面对美国国家航空航天局和莫顿聚硫橡胶公司犯的严重错误，我的第一反应就是希望自己千万别犯这样糟糕的错误。在自省之后，我庆幸自己在做出一个重要决策之时，并不只会使用眼前那些易于获得的信息。不过，我后来的自省却说明我可能也会犯这样的错误。现在，让我们从更正面的数据开始讨论吧。

我曾抱有这样的期望，在生命的某个时刻，可以体验15分钟的名望，那是真正的名望，而不只是学术名望。这一荣誉时刻还真的到来了，虽然只有9分钟，但是对我来说已经足够了。2003年5月24日，我在办公室接到一位女士的来电，自称是《车说》（*Car Talk*）节目组的路易。《车说》是美国国家公共广播电台（National Public Radio）多年来最受欢迎的节目，2013

年停播，但一直在重播。它由明星修车技师汤姆·马廖齐（Tom Magliozzi）和雷·马廖齐（Ray Magliozzi）一起主持，会为人们提供保养汽车的信息，还会聊一些听众感兴趣的其他内容。我偶尔也收听该节目，而且我和汤姆·马廖齐也是30年的好朋友了。汤姆比我大18岁，但却是我的学生。20世纪80年代早期我在波士顿大学任教的时候，他曾修过我的几门博士课程。在那个时候，《车说》是一个深受当地听众喜爱的广播节目。雷则在马萨诸塞州的剑桥城经营着“灵息车库”（Good News Garage），这个地方离我们所有人住的地方都很近。

路易在电话里向我解释，在解答《车说》节目一位听众所提出的问题时，汤姆回应说应该找哈佛商学院的马克斯·巴泽曼教授商量。那天我并没有收听这个节目，但是路易很快通过互联网找到了我，并询问我是否愿意立即通过电话连线上节目。我同意了，接下来就是我们的对话：[2]

汤姆：您好！您现在收听的是《车说》节目。

巴泽曼：大家好！我是马克斯·巴泽曼。

汤姆：还真的来了！

雷（沙哑地笑）：你好！

巴泽曼：我听说你们有一个问题要问我。

汤姆：是的，我们确实有个问题需要你来解答。我想，你是能够回答这个问题的唯一人选。

巴泽曼：哇哦……

汤姆：我们刚刚接到一位名叫玛丽的听众打进来的电话，她正打算卖掉一辆行驶里程较长的94款雅阁。她把车交给经销商，想以此了解车况，以便如实地告知潜在买家。经销商发现，这辆车需要花费500美元来更换一台水泵和一条正时皮带。问题是这件事该怎样处理，才能让买家对这辆车有更强的购买意愿。她是先将车子修好，然后对买家说“顺便说一下，我刚刚花了500美元更换了水泵和正时皮带”，还是说“顺便说一下，我刚好知道这辆车需要更换水泵和正时皮带，所以车的价钱可以降低500美元”？

雷：究竟该不该让汽车修理技师把车修好呢？请问你的选择。

巴泽曼：也就是说，选项A是把车修好，选项B是把修车的费用从车价中减去？

汤姆：是的。

巴泽曼：而且，玛丽想向买家最大限度地展示出她的诚意。

汤姆：换句话说，她想让买家把车买下来！

雷：她想要尽力……

汤姆：……吸引买家购买这辆车。

巴泽曼：这样的话，在选项A和B之间，我想我将选择C。在我看来……

雷（笑声）：我就知道有这一手。

汤姆：是的，我就知道有这一手。

巴泽曼：在我看来，没有人会在意你刚把车修好。因为没有人对你的车子在过去发生了什么感兴趣，除非你确实懂车，因为绝大多数人对车子其实没有什么概念。

汤姆：是的。

巴泽曼：我们想知道的是，车子是否出过重大的事故。

汤姆：我同意这个说法。

巴泽曼：另外，如果你告诉我有些部件坏了，修理费为500美元，我就会有点担心，当我从汽车修理厂出来的时候，实际的修理费可能是800美元。

雷：嗯，说不定会更多……

巴泽曼：是的，所以如果玛丽十分确定花费这500美元能够把车修好，我想我将告诉买家这一点，然后由我将车送去维修，并支付维修费用。

汤姆：哦，不管什么情况，先把车子修好再说。

巴泽曼：没错。

汤姆：哦……

巴泽曼：你觉得怎么样？

雷：嗯，是的，我同意。

汤姆：那么选项C是……

雷：选项C是……如果你想要这辆车，如果你要买这辆车……

汤姆：我刚得知，车子需要更换一台水泵和一条正时皮带，但我会负责将它修好……如果你要买的话，我就去把车子修好，更换一台新水泵和一条新正时皮带，然后把车交给你。

巴泽曼：没错。或者说“如果你想把车子送到‘灵息车库’修理，费用由我来承担”。

汤姆：那他们会说“送到哪儿也不会把车子送到那儿”。

巴泽曼：没错。

雷（笑声）：说得没错。

巴泽曼：你们觉得怎么样呢?

汤姆：我们的想法？你是专家，我们没有想法!

雷：不，马克斯，我同意你的观点，伙计。

巴泽曼：好的!

汤姆：是啊，对，我想选项 C 才是对的。没想到我们能够讨论得这么深入。

巴泽曼：太好了。

对话又持续了一段时间，然后愉快地结束了。这期节目很受欢迎，而且会定期重播。让我高兴的是，数以百万计的听众听到我说服一贯坚持己见的马廖齐兄弟接受了我的建议。而且每当该期节目重播，都会有一些老朋友告诉我。知名心理学家和伦理学家丹·巴特森（Dan Batson）和他的同事还在后来的学术研究成果中，对我的这一建议做了肯定的评价。我现在依然对自己当初所提的建议相当满意。

在我的回答中，我运用了一个十分简单的理念：不要让你的观点或者数据受限于那些摆在你眼前的信息，要以“打破常规”的思维方式来考虑问题。比方说下面这个问题，这张图是由 9 个点组成的方形，你要用 4 条直线把这 9 个点连接起来，但是必须一笔完成且线不可以中断。如果你不知道怎么解决，我可以提示你的是，这几条线的连接点可以在方形外面。①

① 答案可以参考本书前面的彩蛋。——编者注

•　　•　　•

•　　•　　•

•　　•　　•

通常最佳决策要求你抛弃提供给你的选项，然后越过面前的信息来看待问题。但是，正如我先前所言，我也并不是总能够做到这一点。

我参加过哈佛大学同事理查德·泽克豪泽（Richard Zeckhauser）所做的一场讲座，他给听众讲述了以下的“胆固醇问题”：

> 你的医生发现你的胆固醇指数高达260。他给你开了一种常见的他汀类药物。他说这将使你的胆固醇水平降低30%，但或许会有些副作用。两个月以后，你去医生那里复诊。你现在的胆固醇指数已降为195，唯一的副作用就是掌心出汗，这种情况大约每周出现一两次，每次持续一两个小时。你的医生问你是否能够接受这一副作用，你说没问题。他让你继续服用这种药物，你会说什么？

实际上，我天生就有脂类物质代谢方面的问题，并且也在某种程度上详细研究过胆固醇，而我自己也不是一个害怕谈论该问题的人。因此我在公开场合也赞成服用他汀类药物。泽克豪泽这样回应：“你为何不试一下另外一种他汀类药物？”我立刻意识到他说的也许没错。不是关注于是否继续服用现在这种他汀类药物，而是考虑去尝试服用另外一种他汀类药物，结果将会大为不同。毕竟，或许真的有其他他汀类药物药效相同，却不会带来掌心出汗或者其他副作用。我猜测，接受医生所提供的二选一的方案是许多病人所犯的常见错误。我们很容易被困在非此即彼的选择之中，我在《车说》节目中避免了这个问题，却在泽克豪泽的讲座中未能幸免。我犯了错误，接受了我的同事提出的选项。我本应该问一下全部的选项有哪些，但是我却没有那样做。我过于轻易地接受了别人所提供的选择。

《车说》和胆固醇的例子说明，**如果我们只关注眼前的选项而没有创造出新的选择，就容易做出不太好的决策**。赛车和“挑战者”号的例子表明，如果我们不能找出做正确决策所需的数据，而在固定的两个选项中做出选择，将不会得到什么好的结果。总而言之，这两种问题的产生都是因为我们过度关注眼前的信息，而且只专注于此造成的。

要学会注意所错失的信息，就必须先理解究竟是什么导致我们没有觉察到重要信息。本书将为你提供培养这种理解力的方法，并为你在接下来的生活中培养觉察力提供指导。

打破常规，克服无意盲视和有限认知

在前言中，我承认在奈瑟尔制作的那段视频中没有看到那个打着伞的女人。丹尼尔 · J. 西蒙斯和克里斯 · F. 查布利斯曾经在奈瑟尔的影片的基础上做出好几个版本，其中之一是把打伞的女人换成了一个装扮成大猩猩的人，他边捶击胸口边从一个篮球场中穿过，这一清晰而又滑稽的动作持续了超过5秒钟。[3] 在我上一次检索的时候，视频网站上已经有超过100个相关视频可以公开访问，其中一个视频的点击量超过了1 500万次。人们由于专注于其他地方而没有看到这么显而易见的信息，这着实令人吃惊。奈瑟尔把这种现象称为“无意盲视”（inattentional blindness）。

无意盲视能够在一定程度上解释为什么一名飞行员会由于专注于他的驾驶操作而没有注意到在他的跑道上还有另外一架飞机。车祸的发生通常是由于司机专注于驾驶之外的事情，例如打电话或者发短信。我相信，有关无意盲视的研究能够提供具有说服力的理由，将在驾驶过程中使用电子设备视为违法行为。在视频中没有看到那个穿着大猩猩服装的人是一回事，而在高速公路上没有看到另外一辆正在并道的车就是另外一回事了。

无意盲视从本质上来讲是非常有趣的，它有力地解释了为什么绝大多数决策者会忽视大量呈现在他们面前的信息。我和我的同事多莉·舒格把这一现象称为“有限认知”（bounded awareness）。比方说，我的爱人马拉常说她曾经多次告诉我某件事情，但是我一点印象都没有，这让我很吃惊，我甚至怀疑这些事情都是马拉自己想象出来的。但是，既然我在奈瑟尔的视频中没有看到那个打着伞的女人，那么当马拉告诉我她的表姐要来波士顿，或者她问我一些日程安排中的细节时，我极有可能正好专注于其他事情。

当然，这不是一本关于解决婚姻问题的书，而是关于个人、群体、组织和其他社会团体在做出重要的决策时，关注的焦点是如何阻碍他们看到重要信息的。而且，各位在读完本书之后，还能够将书中内容应用到重要的人际关系问题上。

盲视和有限的比喻代表着一种无助的状态。但是，事实上无意盲视和有限认知并不是无法克服的。还是有极少数人在第一次观看视频的时候就看到了那个穿着大猩猩服装的人，就像也有少部分人找到了分析赛车案例的关键所在。他们成功地运用了觉察力这一技能，看到了我们大部分人没有看到的重要信息。由此可见，有限认知是能够克服的。

在我最喜欢的电影《五支歌》（*Five Easy Pieces*）的片段中，由杰克·尼科尔森（Jack Nicholson）饰演的博比（Bobby）和他的 3 个朋友坐在公路边的一家小餐馆里。[4]

女服务员没有为博比提供煎蛋卷配番茄，而是给他上了一份小麦面包配土豆，还表示餐厅仅提供菜单上所列的食品。博比坚持要他所点的食物，而女服务员却拒绝去做违反餐厅规定的事情。就在她转身准备离开的时候，博比叫住了她。

博比：等一下，我决定了。我想要一份普通的煎蛋卷，不必加番茄了，而且也不要放土豆。再给我来一片单面煎的小麦面包和一杯咖啡。

女服务员：对不起，我们不提供单面煎的小麦面包。我可以给你上一份英式松饼和咖啡面包卷。

博比：你是什么意思？你们没有单面煎的小麦面包？你们做三明治，是不是？

博比：你们总有面包，还有烤面包机，是不是？

女服务员：我也只是按照餐厅规定做事。

博比：我会尽量方便你做事儿的。给我来一份普通的煎蛋卷，还有一份用小麦面包做的鸡肉沙拉三明治，别放黄油，别放蛋黄酱，别放生菜，然后再加一杯咖啡。

女服务员开始记下他点的餐，带着挖苦的口吻重复：一份鸡肉沙拉三明治，不放黄油、蛋黄酱、生菜，还有一杯咖啡……还需要别的吗？

博比：现在，你需要做的就是取出鸡肉，给我烤面包片，再向我收三明治的钱，这样不会违反餐厅的任何规定。

女服务员（挑衅他）：呵呵。

我自己是一个敢讲敢说的人，也是一名素食主义者，对食物很挑剔，或者可以说很会选择菜品，不知道你是否喜欢我这样的人。我很欣赏博比对厨房中的食材、菜单以及餐厅仅提供菜单上所列食品的规定所进行的创造性分析。他很有技巧地点到了他想吃的东西，而不是对餐厅提供给他的食物照单全收。就算他把事情搞砸，饿着肚子离开餐厅，也创造了一个好的电影桥段，但这里却蕴含着一条绝佳的生活经验。实际上，是两条生活经验。

在我自己的生活中，我经常想要效仿博比，找到独特的解决方案，同时避免方案执行时被搞砸。后者与前者一样难以实现。要想觉察到别人通常无法觉察到的重要信息，通常需要跨越障碍、打破规范和准则。其中的关键就在于，不但要学会做到像博比一样去思考问题，而且最终要能吃到你想要的煎蛋卷和烤面包片。

THE POWER OF NOT!C!NG

本章小结

1. 无意盲视，是指人们由于专注于其他地方而没有看到显而易见的信息。有限认知，是指绝大多数决策者会忽视大量呈现在他们面前的信息。
2. 当事实上还需要其他信息时，我们却经常认为自己似乎已经拥有了做出决策所需的全部信息。
3. 要求获得正确的数据将有助于你成为一名更好的决策者。
4. 不要让你的观点或者数据受限于那些摆在你眼前的信息。
5. 如果我们只关注眼前的选项而没有创造出新的选择，就容易做出不太好的决策。
6. 要想觉察到别人通常无法觉察到的重要信息，通常需要跨越障碍、打破规范和准则。

THE POWER OF NOT!C!NG

02

动机性盲视，每个人都有利己偏好

模拟训练

假如你是一家大型企业的员工，在偶然中见证了某个高层的违法行为，你会怎么做？是选择沉默，还是向你的上级反映情况，或者采取其他行动？

2011年11月5日，宾夕法尼亚州立大学（以下简称“宾州州立大学”）橄榄球队的前助理教练杰里·桑达斯基（Jerry Sandusky），由于在1994—2009年任教期间性侵8名13岁以下男童等40项指控而被捕。2012年6月22日，对他的45项指控被判成立。

桑达斯基案件的大陪审团报告读起来让人压抑，其中有两个事实引人注目：桑达斯基利用宾州州立大学橄榄球队设立的一家基金会与他见到的男孩接触，包括带他们到球队的餐厅吃饭和参加季后赛。[1]另外，宾州州立大学的一些职员亲眼看见了桑达斯基的犯罪行为，其他人也知道此事，但是他们都没有报警。

桑达斯基案的悲剧让我们提出这样的疑问：为什么这么多看上去负有责任感的成年人没有采取行动呢？他们是怎么做到视而不见的？当我们做出决策的时候，要怎样才能够避免这种情况？

桑达斯基的罪行的确令人毛骨悚然，但是如此多的人对此视而不见也同样令人震惊。与之相比，我们在上一章所讨论过的无意盲视，简直是小巫见大巫。哪怕事实摆在眼前，人们都故意忽视他人的不道德行为及其证据，这显然更糟糕。

此次案件最重要的事实如下所述。1998年，当时桑达斯基担任宾州州立大学橄榄球队的助理教练，一名 11 岁男孩的母亲向校警投诉，她的孩子在球队基金会的活动中认识了桑达斯基，后来桑达斯基对她的儿子实施了性侵。根据检方提供的信息，学校警方经过漫长的调查之后，发现桑达斯基还性侵过另外一名男孩。有两名校园警察无意中听说，桑达斯基曾向第一名男孩的母亲承认他性侵过她的儿子，并且他也知道这一行为是错误的。当时的地方检察官现在已经去世，那时他认为证据过于单薄，决定不予起诉，因此学校警方就此结案。

1999 年，桑达斯基从宾州州立大学退休，但他在运动场馆里依然保留了一间办公室，并且还保留着更衣室的钥匙和其他设施的使用特权。2000 年秋，一名校园看门人看到桑达斯基在橄榄球队所在大楼性侵一个男孩。更令人震惊的是，这名看门人只向他的一位同事吐露过这样的心迹，这一幕对他产生的困扰要远远大于他在战争中目睹过的各种杀戮。然而，这名看门人及其同事、主管都没有将这一事件上报。后来这些人表示，保持沉默是因为他们惧怕会因此丢掉工作。

2002 年 3 月 1 日晚上，宾州州立大学研究生、校橄榄球队教练助理、球队前四分卫迈克 · 麦奎里（Mike McQueary）亲眼看到桑达斯基犯罪。根据检方提供的信息，当时麦奎里并没有报警。相反，他首先征求父亲的建议，然后在第二天与宾州州立大学富有传奇色彩的橄榄球教练乔 · 佩特诺（Joe Paterno）见了面。根据麦奎里的证词，他把看到的事情向佩特诺做了详细的描述。然而，佩特诺后来声称麦奎里只是告诉他，桑达斯基可能对一名男孩实施了某种不正当行为。

与麦奎里一样，佩特诺也没有报警，而是像麦奎里向他汇报此事那样，将此事汇报给了学校体育事务的负责人蒂姆 · 柯利（Tim Curley）。根据佩特诺家族的一名发言人所说，佩特诺从未问过对桑达斯基的指控之事，并且从来没有关心过当局是否对他的前任助理教练采取过行动。佩特诺声称，他对

1998 年针对桑达斯基的调查毫不知情。而且检方认为，佩特诺将针对桑达斯基的指控向他的上级柯利做了汇报，这已经履行了他的法律责任。

与麦奎里和佩特诺一样，柯利也没有联系警方，而且据说他对 1998 年的那次调查是知情的。柯利和其他人都没有将这一指控告知学校的最高法律顾问，从法律层面上讲，最高法律顾问负责将此事交给警方处理。一直到麦奎里告知佩特诺此事的一周半之后，柯利和宾州州立大学副校长加里·舒尔茨（Gary Schultz）才约见了麦奎里。麦奎里对大陪审团说，他将自己看到的桑达斯基的犯罪行为告诉了柯利和舒尔茨。柯利又将麦奎里告诉他的事情向宾州州立大学的校长格雷厄姆·B. 斯帕尼尔（Graham B. Spanier）和“第二英里”基金会（Second Mile）的 CEO 杰克·瑞克维兹（Jack Raykovitz）做了汇报，据称桑达斯基正是通过该基金会的活动来物色受害者的。又过了两个星期，柯利和舒尔茨通知麦奎里，校方已经从桑达斯基手中收回了更衣室的钥匙，并且已经禁止他带领孩子进入宾州州立大学的橄榄球场馆。

与麦奎里、佩特诺和柯利一样，瑞克维兹并没有将针对桑达斯基的这项指控通知警方。校长斯帕尼尔没有与警方联系，也没有报告给宾州州立大学的公共事务部门。尽管州法律规定，对于可能存在的针对儿童的性侵行为，任何学校或者组织的负责人都须向儿童事务部门汇报。尽管批准了柯利和舒尔茨所提出的禁止桑达斯基将儿童带入橄榄球队所在大楼的提议，但是后来斯帕尼尔声称，他并不知道桑达斯基的不当行为是性侵儿童。

6 年之后，2008 年 11 月，桑达斯基告知“第二英里”基金会，一个男孩向他提出不实指控，并且他正在接受调查。该基金会在其网站上这样写道：“我们立即决定不再让他参与任何跟儿童相关的活动。”

2011 年，桑达斯基遭到逮捕，但是随即获得保释。柯利和舒尔茨被指控在向大陪审团提供证词的过程中做伪证，没有向当局告发桑达斯基的罪行。

他们都从宾州州立大学离职，桑达斯基也从“第二英里”基金会辞职。斯帕尼尔因做伪证、妨碍司法公正和损害儿童福利等罪行受到起诉。

11 月 9 日，佩特诺宣布他将在橄榄球赛季结束之后退休，但是当天稍晚的时候，宾州州立大学理事会宣布开除佩特诺和斯帕尼尔，而且此决定立即生效。尊敬的主教练被开除，这一消息让大家感到震惊，宾州州立大学的学生走上街头引发了骚乱。

在桑达斯基被逮捕之后的几个星期里，又有将近 10 名疑似受害人出现，向当局讲述了他们的受害经历。“尽管目击者向学校管理层做了详细汇报，但是他们并没有在检举桑达斯基性侵行为方面采取行动，这导致一个禽兽不如的人在数年里逍遥法外，这期间受害者不断增多。”宾夕法尼亚州首席检察官琳达·凯莉（Linda Kelly）在一项声明中这样写道，“同样令人不安的是，这些人在得知这一案件信息时，既不采取行动也不关心此事。他们对这一关键问题避而不谈，视而不见。”

“我之前没有处理过这样的案件：目击者看到了性侵行为却没有报警。”宾夕法尼亚州警察局局长弗兰克·努南（Frank Noonan）在一次新闻发布会上这样说，“我之前从未遇到过类似的事情。”他继续说道：“我认为我们负有道义上的责任，任何人，不论你是一名橄榄球教练、大学校长，还是大楼保洁人员，都应该报警。”[2]

有两名宾州州立大学的职员看到桑达斯基性侵儿童，却逃离了现场而没有制止暴行。后续的知情者至少有 6 名，也都没有报警。这 8 名学校职员对年轻受害者的身心健康视若无睹，他们更关心的是确保自己不丢掉饭碗或者维护学校的声誉，抑或两者兼有。也有可能他们真的知道该如何处理此事，认为将此事汇报给上级就已经在道义上履行了责任。

虽然这些职员当中的一些人将犯罪行为向上级汇报，算是履行了他们的法律义务，但是从意义更深远的道德标准上看，他们还是应该受到谴责。为什么如此多的成年人没有保护这些孩子？在这样无情、冷漠的校园中受到侵害，桑达斯基的受害者遭遇的不幸是否增加了？

宾州州立大学的管理层在被告知桑达斯基的罪行时，只考虑披露这一事件会引发丑闻，这不仅会影响桑达斯基的个人声誉，还会损害佩特诺、橄榄球队和整个学校的形象。橄榄球队以培养正直、诚信的大学生运动员为荣，而球队却有一名性侵儿童的禽兽教练，这两者的矛盾无法调和。因此当桑达斯基受到指控的时候，校方有强烈的动机对此避而不谈。他们在这个明确动机的驱使之下给自己戴上了眼罩，以致完全觉察不到事实。

在宾州州立大学性侵案中，有些人毫无疑问是基于自身职业安全做出了不道德的决策，这才是真正可怕的地方。更宽泛地讲，其中有些人在掌握信息和传递信息的时候没有追问，出于对宾州州立大学的忠诚而蒙蔽了自己，没有深入探究业已存在的真相。忠诚麻痹了这些人的全面认知，也阻碍了他们采取行动。

承认自身利益的存在

宾州州立大学性侵案因其极端性而令人触目惊心，但这也是一种警示。然而，我们所有的人，无论在工作中还是在家里，都有可能自愿或者感觉必须戴上障目之物。虽然我无法预测如果你们处在乔·佩特诺的位置，将会做出怎样的反应，但是根据行为伦理学领域的研究，当我们在既定的自我利益考量下，无论我们认为自己的道德多么高尚，都很难保证没有偏见地应对这一情境。我们都会优先考虑自己的孩子和配偶，也都不愿与职场中具有影响力的人产生意见冲突。

如果我们具备动机对某人所说的话或者所做的事视而不见，就几乎不可能会看到这个人的不道德行为。动机性盲视（motivated blindness）这一术语形容的就是：当这样做不符合最佳利益时，我们就觉察不到他人的不道德行为。简单地说，如果你必须正面看待某人，一旦存在这个动机，那就很难对此人的行为是否符合道德规范做出准确的评价。[3] 在许多事例中，你所看到的并非全貌，因为你有理由确信它压根儿不存在。

本章的核心观点并不算新颖。早在 1954 年，艾伯特 · H. 哈斯托夫(Albert H. Hastorf）和哈德利 · 坎特里尔（Hadley Cantril）就公开了一项涉及普林斯顿大学和达特茅斯学院橄榄球学生球迷的著名调查结果。他们让两个学校的球迷都观看了同样一个关键而激烈的比赛短片，在这场比赛中，双方球队都有多名球员受伤。但是研究者发现，两个学校的学生虽然观看的是同一个短片，却“观看了一场不同的比赛”。每个学校的学生都认为对方球队做出了不道德行为，而自己球队的违规行为并不严重。

2007 年，被视为史上最伟大的橄榄球队之一的新英格兰爱国者队（New England Patriots）在与实力较弱的纽约喷气机队（New York Jets）比赛时，爱国者队曝光度很高的主教练比尔 · 贝利奇克(Bill Belichick)涉嫌公然作弊。贝利奇克指使一名助手拍摄了喷气机队的暗中防守信号，这明显违反了比赛规则，而贝利奇克也深知这一点。[4] 美国国家橄榄球联盟对贝利奇克处以 50 万美元的罚款，对爱国者队处以 25 万美元的罚款。作为惩罚，球队还被剥夺了一个宝贵的新秀选秀名额。更有意思的是，我作为爱国者队所在地区的一位居民，看到很多爱国者队球迷为贝利奇克的行为进行辩解，其中包括一些我认为具有较高道德标准的人，这让我十分惊讶。最常见的说辞就是，其他球队也在做同样的事情，尽管没有证据表明事情确实是这样的。

动机性盲视影响着绝大多数人，那些令人敬佩的成功者也不例外。董事会、审计公司、评级机构，以及其他能够接触到各种数据的组织的成员，应该能够觉察到重要信息并根据道德行事，但是实际上他们并没有这样做。动机性盲视影响了伯纳德·麦道夫基金的投资者以及我在后续章节中所讨论的许多其他商业人士，它同样也影响了我。

克服动机性盲视，做出有效决策

我认为自己很有道德责任感，当该站出来说话的时候，会义不容辞。我的朋友和同事甚至认为我有些发声过度。最近几年我之所以有言必发，部分原因是我在 2005 年的一次遭遇。

2005 年春天大概是我人生中最忙碌的一段时间。当时我的母亲健康状况不佳，即将走到生命的尽头，我唯一的同胞妹妹正在和乳腺癌做斗争。此外，我的研究、教学和咨询工作又特别劳神费时。正当我处于重重压力之下时，突然接到了来自美国司法部的电话，他们想让我协助一下起诉烟草企业的案件，这也是美国有史以来最大的民事诉讼案件。据我了解，司法部正在起诉整个烟草行业数十年来一直联手欺骗公众的行为。

当时，我的爱人马拉·费尔凯尔（Marla Felcher）不希望我接手更多的工作，也不希望我经常出差，但是这个案件看上去又确实非常重要。因此，我和马拉讨论了一下，能否将这一工作纳入我的工作日程。尽管她对我繁忙的行程感到担忧，但仍希望我帮助美国政府向大烟草企业发起诉讼。我们决定，在介入这一案件之后，马拉不会抱怨我为此投入过多的精力，而我将把本次服务所得的报酬捐赠给马拉主持的慈善机构。

我从 2005 年 3 月 10 日开始参与该诉讼工作。司法部的审判团队由莎伦·尤班克斯（Sharon Eubanks）领导，她是一位非常成功的辩护律师，赢得了之前为美国司法部辩护的全部 22 次法律诉讼。我的受雇身份是“补救证人”，按照我的理解，如果美国司法部赢得了这次针对烟草企业的诉讼，将向我咨询采取哪些补救方式较为合适。我的书面证词的主要前提也是假设烟草行业在这一涉及欺诈的诉讼案中被判有罪。我在2005年4月27日提交给法庭的证词中说："如果没有法院的强力干预，那么被告的不当行为仍将继续，被告方管理人员的行为诱因和系统偏好也不会改变。"总之，只有中断大烟草企业行为中的动机性盲视，政府才能够让他们做出改变。我恳请法庭针对烟草行业做出如下体制变革：

- 消除烟草企业将香烟售卖给年轻人的各种经济诱因；
- 修改烟草企业管理人员的薪酬政策，以鼓励其合法行为；
- 将所有受到烟草企业干预的研究工作分包给由法庭监督的独立公司；
- 让当下管理层离职。

我还特别建议"由法庭任命拥有相应权力的监督者，必要时可以任用外部专业人士来监管被告的所有商业行为，并对体制变革提出特定、具体的建议……这一建议可以应对可能会继续造成不当行为的诱因和偏好"。我说明，如果法庭发现被告具有违法行为，"现有的管理团队就不能也不会脱离发生不当行为的工作环境"，而且"在职者几乎不可能开展必要的变革来防止未来欺诈行为的发生"。所有的潜台词就是，我在烟草企业的管理层中应该是不受欢迎的。

我被安排于5月4日向法庭做出口头证词，而在4月30日准备证词时，司法部审判团队的一名律师向我提出了一个非同寻常的要求。他让我修改我的书面证词，并注明某些建议并不符合现有的法律，其中包括由监督者来替代烟草企业管理人员这样的建议。

我记得当时认为自己没有资格评估是否能对证词做出这样的修改，因为其中涉及的法律知识超出了我的专业范畴。但是我的直觉是，这样的修改会在很大程度上削弱证词的说服力。如果当时我对这个要求理解透彻的话，很有可能就会反对这一修改提议。而且，修改证词的要求并不是来自原本要求我做证的人，也不是审判团队的任何一名核心成员。压力来源于司法部的“二号人物”，由乔治·布什总统任命的司法部副部长小罗伯特·D.麦卡勒姆（Robert D. McCallum Jr.）。麦卡勒姆之前是亚特兰大的奥斯顿律师事务所（Alston & Bird）的一名合伙人，而这个律师事务所在过去是本案被告之一雷诺烟草公司（R. J. Reynolds Tobacco Company）的法律事务代理机构。

我向司法部律师询问，为什么要削弱证词的说服力，结果被告知，如果我不能大幅度修改我的证词，麦卡勒姆可能就会不再让我参与本案，也不允许我出庭做证。我已经在报告和证词准备方面花了 200 多个小时，而且花的还是纳税人的钱，所以拒绝对我的证词做出修改。几天之后，司法部允许我在 2005 年 5 月 4 日出庭做证。[5] 直到今天，我仍然不清楚为什么后来又允许我继续参与这一案件。

虽然没有修改自己的证词，但是我时常想起，为何当时没有立刻将自己受到不当压力的事公布于众。回想起来，我所信任的司法部律师关心的是，媒体对审讯过程中幕后信息的关注对本案并没有什么帮助。我记得当时自己压力很大、很疲惫，而且对涉案腐败的预估并无把握。此外，本案所涉及的政治因素也让我不可能从操控证词的律师那里获得什么有用的建议。但是直到今日，我仍然对没有慎重考虑公开指控腐败一事耿耿于怀，尤其是一名联邦政府官员还试图让证人篡改证词。

就在 2005 年 6 月上旬本案即将结束的时候，司法部做出了一个让人始料未及的惊人反转决策，将其原先提出的赔偿金额，即针对烟草企业的罚金，从 1 300 亿美元降低到 100 亿美元。后来我才明白，之所以会有这一巨大的金额变化，正是由于麦卡勒姆在幕后操控，反对首席律师尤班克斯的建议。

司法部表面上赢得了本次诉讼，但罚金却微乎其微。总统任命的司法部官员把为本案做出有效辩护的尤班克斯的生活搞得一团糟，还迫使她提前退休。更重要的是，整个社会错失了一个降低吸烟致死人数的良好机会。本案结束后不久，2005 年 6 月 17 日，我正在伦敦给某企业做一个咨询项目。那天早上我醒得特别早，在电脑上打开《纽约时报》，读到了这样一则报道：在庭审期间，麦卡勒姆试图削弱儿童无烟运动（Campaign for Tobacco-Free Kids）的负责人马特·迈尔斯（Matt Myers）的证词说服力。我很清楚，自己犯了个错误，那就是没有在几星期之前将此事公布于众。如今我对此事的发展感到十分震惊，但又不知该如何是好，而且下周我会继续留在伦敦。因此，尽管波士顿是午夜时分，我还是给马拉打了电话。当时她正在做消费者维权工作，比我更了解华盛顿的工作方式。我把这件事情告诉了她，并且约定我会在当天结束的时候打电话给她，进一步听取她的意见。

伦敦时间下午 5 点，波士顿时间是中午 12 点，马拉告诉我有一个名为政府责任工程（Government Accountability Project）的组织专门协助举报人。[6] 该组织的负责人路易斯·克拉克（Louis Clark）将成为我的代理律师。马拉告诉我，克拉克在等我的电话，并且在我跟他通话之后，《华盛顿邮报》的一名记者将会对此做出报道。通过这些电话访谈，我最终将上述事情的详细版本公布于众。[7]

虽然司法部对麦卡勒姆是否涉嫌违法进行了内部调查，但最终还是查无实证。但是我仍然认定，司法部出于政治原因蓄意破坏了自己的案子。现在每当我看到年轻人抽烟，就会想到由烟草企业所操控的各种欺诈性活动，他们隐瞒了香烟成瘾和致命的本质，而麦卡勒姆、冈萨雷斯[①]和布什暗中帮助烟草行业，使吸烟成瘾者的数量不断增加。我会想到，2005 年 4 月 30 日，布什任命的官员试图破坏我的证词，而我并没有迅速采取行动。如果我真的认为自己在这起案件中特别重要，那就太自不量力了，但是我自认为有责任

① 阿尔贝托·冈萨雷斯（Alberto Gonzales），时任美国司法部部长。——译者注

采取行动。就像我在本书中所论述的观点一样，我一直在问自己：为什么拖延了7个星期，直到看到《纽约时报》的报道才采取行动呢？

知道并不是只有自己没有采取行动，并不会给我带来些许安慰。然而，这仅仅是我们倾向于对不道德行为视而不见的事例之一。乔·佩特诺可能应该受到谴责，但是人们不采取行动的行为却非常普遍。回顾一下1964年发生的著名案件：有38名邻居都听到了姬蒂·吉诺维斯（Kitty Genovese）被强暴和被杀害的声音，但没有人报警或者试图去阻止暴行。我们一再听到这样的故事：当周围有人做出某些恶劣行径的时候，人们却不去采取行动。吉诺维斯谋杀案以及同样由于不作为而引发的宾州州立大学性侵案，尽管我们把这些都视为骇人听闻的罪行，但都忽略了这样一个事实：我们平常看到、听到许多违法或不道德的行为和言谈时，往往不会采取任何行动。我们会利用我们的忠诚和信念为自己的不作为找到冠冕堂皇的理由：这个行为并没有看上去那么糟糕，现在才提供帮助为时已晚，或者告诉别人就算是履行了责任。我们无法真正意识到，不道德行为腐蚀了大多数人，这正是人类难以自我提升的局限所在。

动机性盲视并不是无法避免的。事实上，它是可以克服的。无数的举报者已经证明了这一事实。要做出有效的决策并获得由此而来的有效领导力，就需要克服动机性盲视。我们怎样才能做到这一点呢？

第一，通过学习来更加全面地觉察周围的各种事实。

第二，根据所看到的事实做出决策，并在适当的时机采取行动。

第三，当领导者对不道德行为没有采取行动时，我们可以为他们描述出清晰的后果。

第四，领导者应当在整个组织范围之内为决策者提供畅所欲言的激励机制。

THE POWER OF NOT!C!NG

本章小结

1. 动机性盲视，是指当行动不符合我们的最佳利益时，我们就觉察不到他人的不道德行为。
2. 动机性盲视并不是无法避免的，它是可以克服的。
3. 要做出有效的决策并获得由此而来的有效领导力，就需要克服动机性盲视。

THE POWER OF NOT!C!NG

03

领导者失误，从疏于监管开始

模拟训练

2012 年 4 月，《华尔街日报》报道摩根大通集团内有人在做高额投机性交易。假如你是摩根大通的 CEO，你的第一反应是什么？

2005年，摩根大通集团深具影响力且才华横溢的CEO杰米·戴蒙（Jamie Dimon）聘用艾娜·德鲁（Ina Drew）为公司的首席投资官，负责监管银行的风险敞口。金融危机之后，公司股东希望公司业绩有所提升。2011年，德鲁开始大胆行事，不再遵守集团原定的规定，即投资亏损超过2 000万美元时就要抛售止损。在看到大量利润滚滚而来之后，德鲁也越来越不重视首席信息官提供的数据，更没有意识到这一规则的变化。德鲁带来的投资回报十分可观，戴蒙也鼓励她承担更大的风险以追求更大利润。2011年2月，戴蒙对摩根大通集团的300名高管说，虽然处境艰难，但大胆前进是银行领导者的职责所在。他还特别肯定德鲁的这一行为："艾娜的行为就很大胆。"[1]作为一位繁忙的领导者，戴蒙关注利润甚于监督职责。他只看到了德鲁的优势，而忽视了德鲁和银行的劣势。

2012年4月4日，事情开始显露端倪。戴蒙在《华尔街日报》上看到了一篇报道，内容是摩根大通集团在伦敦的一位交易员布鲁诺·伊克西尔（Bruno Iksil）正在做高额投机性交易，这使银行处于较高风险水平。4月8日，德鲁向戴蒙和摩根大通执行委员会做出保证，这些大型的交易都会取得成功，并且管理上也没有问题。她说，《华尔街日报》的报道是在夸大事实。[2]戴蒙认可了她的说法，并对外公开表示这些交易"完全是茶壶里的风暴"，意指媒体小题大做。[3]

然而，伊克西尔的交易最终造成了巨额亏损。根据《华尔街日报》的报道，戴蒙在公司内部坦承自己“没有发现集团的风险敞口”。[4] 4月30日，戴蒙终于要求德鲁出示具体的交易头寸。他审查了文件后才发现存在很大的问题，如果他早一点觉察到伊克西尔的所作所为，就肯定会提早发现这一问题。5月的第二个星期，《华尔街日报》报道，戴蒙公开承认：“我上次向市场讲的那句‘完全是茶壶里的风暴’，简直是大错特错。”[5] 戴蒙在5月10日召开记者会，正式披露了亏损的具体数额，并要求德鲁辞职。

这一灾难性事件是怎么发生的？首先，伊克西尔隶属于伦敦的投资部门，这个驻外投资部门应向纽约总部的德鲁汇报工作，但是这两个办公机构却没有进行良好的协作。伦敦投资部门的伊克西尔等人都是所谓的“定量分析专家”，他们运用复杂的定量分析法做投资决策。伊克西尔的工作就是通过定量分析对市场走势做出预判，运用金融衍生品来设计各种投资组合。我们不清楚德鲁是否全面了解定量分析专家所运用的投资方法，更不清楚戴蒙是否真正监督德鲁，并了解伦敦投资部门的管理状况。德鲁向伊克西尔的上司质询他的交易头寸，她收到的经常是模棱两可、不完整的答案。伦敦投资部门回避她提出的问题，而她也没有进一步要求其给出更明晰的答案。因此，她并不了解整个公司所承担风险的严重程度。

德鲁知道戴蒙曾经在公开场合肯定她的大胆投资行为。遗憾的是，德鲁的大胆投资行为与鲁莽投资行为之间的界限比较模糊。所有迹象都表明，德鲁和戴蒙并没有意识到伊克西尔冒险性投资行为的严重性。驱使他们全面把控风险的动机显然并不存在。

戴蒙告诉美国参议院银行委员会（U.S. Senate Banking Committee）：“它变成了我自己都不能自圆其说的事情。”[6] 据说，他私下也曾向妻子坦承，他没有注意到糟糕的事情。在之后《华尔街日报》的一次访谈中，他说得更为巧妙：“这个重大教训让我明白，尽管过去拥有了成功的投资业绩，但依然不能自满。”[7] **我们能够从戴蒙的经验教训中得出更精练的结论：成功的领导力取决于警觉**。摩根大通缺乏警觉，付出的代价是巨大的。到 2013 年 9 月，这些交易带来的损失预计为 62 亿美元。伊克西尔正在接受检察官的调查，他的上司和一位同事也被起诉。摩根大通同意向美国货币管理办公室（Office of the Controller of Currency）、英国金融行为监管局（Financial Conduct Authority）、美国联邦储备委员会和美国证券交易监督委员会（Securities and Exchange Commission）支付 9.2 亿美元的罚金。摩根大通的声誉受到严重影响，并且事情还没有结束。摩根大通的高管层被指控对其董事会的审计委员会隐瞒了交易损失。[8]

领导者的障眼之物

当被其他事务缠身，当不具备觉察重要信息的动机，当被周围的人蒙蔽的时候，领导者通常无法觉察到重要信息。本章将要讨论的是领导者如何才能够消除那些制约他们觉察到重要信息的各种因素。

摩根大通如果得知在此类事情上他们并不是个例，或许会得到些许的安慰。2008 年，法国兴业银行也是到最后才发现，公司的一名交易员通过一系列欺诈性交易，给公司带来了超过 70 亿美元的巨大损失。在这两个案例中，大家都没有充分认识到，高管们并没有出现那种在行为决策研究、行为经济学和行为金融学领域被充分证实过的典型决策失误。事实上，他们并没有受到行为学和行为经济学研究文献中所描述的框架效应、锚定效应或者其他决策偏见的影响。他们之所以没有觉察到重要信息，是因为缺乏必要的监管警觉，没有意识到员工的行为已经远远超出了银行的容忍范围。他们既没有采取恰当的有效的监管措施，也没有发现存在的问题，因此他们忽视了有效管理的一个关键因素：用于评估下属行为的相关信息。这些错误发生的主要原因是：他们根本无法觉察到那些没有摆在眼前却密切相关的信息。失败始于疏于监管，即当员工所做的风险行为超出了银行的容忍范围时，没有被发现，领导者也没有提出相关问题来发掘所需的重要信息。

领导者的责任就是在他们的组织出现严重问题之时觉察到重要信息。让我们看一看职业体育运动中使用类固醇药物的问题。无论哪一种体育运动项目，只要滥用药物，就会在不同程度上造成声誉受损。美国职业棒球大联盟（Major League Baseball）的事例就是明证。20 世纪 90 年代后期，针对运动员使用类固醇药物的指控已经广为人知。滥用类固醇药物在 1998—2001 年达到高峰，随后还持续了若干年。巴里·邦兹（Barry Bonds）、萨米·索萨（Sammy Sosa）、罗杰·克莱门斯（Roger Clemens）和亚历克斯·罗德里格斯（Alex Rodriguez）都是牵涉其中的知名运动员，许多运动员受到了此类指控。巴里·邦兹的案件比较出名，他是美国棒球历史上最炙手可热的球员之一，也是一名全明星队前棒球球员的儿子。他因被指控使用了类固醇药物而上了法庭，在被质问他的教练是否为其注射过此类药物的时候，邦兹这样回答：

> 只有一位医生接触过我，还是我唯一（原话是这样说的）的私人医生格雷格。就像我之前所说过的那样，我们都不会介入对方的私人生活。虽然我们是朋友，但我们不会坐下来一起谈论棒球，因为他知道我不想这么做。我不会在自己家中谈论棒球。如果你到我的家中，谈论钓鱼或者其他事情，那么我们会成为朋友。如果你来谈论的是棒球，那就算了。我不会谈论他的工作。你知道我的意思吗？这是我们维持友谊的一种方式。我对此感到抱歉，但是你们知道我是知名运动员的孩子，从事棒球运动不仅仅是我的天性使然。我的父亲是一位著名棒球运动员，这让我在小时候就是名人了。由于父亲的原因，我不会去干涉别人的事情。[9]

这种毫无逻辑的胡言乱语导致邦兹被指控犯有妨碍司法公正罪。

记者蜂拥而至，谴责像邦兹这样的运动员，也有少数人却为他们辩解。那些让运动员认为使用类固醇药物属于合理行为的领导者又会做出怎样的辩解？那些鼓励运动员使用类固醇药物的领导者从没有受到犯罪指控，然而他们才是导致这一问题发生的责任主体。在他们受益于运动员全垒打的整个过程中，没有人觉察到那些明显的信息。运动员身体发生的变化就是他们使用类固醇药物的明显证据。让我们看一下更为严密、准确的证据：1991—1994年，也就在类固醇药物滥用之前，美国职业棒球大联盟的全垒打明星运动员平均能完成44次全垒打。[10] 相比之下，在类固醇药物滥用时期，能够达到或者超过这一平均数的运动员数量，1998年为10人，1999年为8人，2000年为6人，2001年为9人。[11] 这些最基本的数据是连体育记者和棒球球迷都能看得出的鲜明证据。然而，球队所有者和美国职业棒球大联盟总干事巴德·塞利格（Bud Selig）并没有觉察到这一点，他们的动机性盲视行为表明这是一次领导力失误。

领导力代表着责任，其中的一个关键责任就是觉察到那些外围的迹象。如果你看到一个反常的动向，那就应该展开调查直至获得一个明确的答案。丹尼尔·卡尼曼就注意到人们通常会根据“你所看到的就是全貌”来行事。但是，领导者的责任就是要识别出哪些信息是必要的以及如何获得这些信息，而不是根据那些显而易见的现有信息采取行动。

看不到重要信息，就无法对组织施以监管

公司董事会的独特责任突显了在领导力驱动下觉察到重要信息的重要性。对上市公司而言，董事会是公司的最终决策机构。然而许多董事会，无论是营利性组织还是非营利性组织，都无法觉察到已经摆在面前的那些信息，更不用说觉察到高管可能向他们隐瞒的那些信息了。

戴维·B. 邓肯（David B. Duncan）是安达信会计师事务所（Arthur Andersen）

的负责人，负责美国能源公司安然公司的审计工作，这两家公司在2001年同时破产，他难辞其咎。但是，戴维·B. 邓肯在1999年就告知安然公司董事会下设的审计委员会，安然公司的会计作业正在达到极限值，并处于会计事务可接受惯例范畴的边缘状态。[12]而在当时，曾任斯坦福大学商学院院长的会计学教授罗伯特·K. 耶迪克（Robert K. Jaedicke）是安然公司董事会成员并担任安然公司审计委员会主席。但是，根据美国参议院常设调查委员会（U.S. Senate Permanent Subcommittee on Investigations）的资料显示，当时无论是耶迪克还是审计委员会的其他成员，都没有要求邓肯提供更多安然公司的审计资料。

1999—2001年，安然公司的审计委员会每年都会收到来自该公司的最新审计报告。尽管耶迪克具备专业知识并长期担任审计委员会主席一职，但他很少像公司管理专家所建言的那样，在官方委员会或者董事会正式会议的场合之外和安达信会计师事务所的会计师们进行接触。当会计违规行为曝光时，安然公司破产了，几位主要的高管也受到了犯罪指控。参议院常设调查小组委员会得出了这样的结论：多名董事会成员本可以阻止安然公司内部的欺诈行为，但他们没有就一些简单的问题向邓肯和其他审计人员做出征询。举个例子，2001年董事会收到一封来自安然公司举报者的信件，但是董事会成员并没有追问举报者是谁（之后被证实为谢伦·S. 沃特金斯），也没有人索要过举报信件。

“由于没有对高管层进行充分的监管和制约，安然公司董事会要对公司的倒闭承担部分责任。”参议院常设调查小组委员会在其报告中得出这样的结论。一位代表安然公司独立董事的律师W. 尼尔·埃格尔斯顿（W. Neil Eggleston）认为，该委员会的报告并不公平，他坚称：“董事会一直受到安然公司管理层的谎言的误导。”安然公司的高管很有可能向董事会撒了谎，但是这一理由似乎并不充分。难道董事会不应该负责跟进邓肯的警告和沃特金斯的检举信吗？**领导力要求我们质疑反常的数据信息并找到必要的信息，这样才能得出准确的结论**。

假设参加董事会不仅是为了声望、薪酬和审批权力，那么答案就显而易见了。记者罗伯特·伯恩（Robert Byrne）指出："股东有权利要求董事会成员尽忠职守，董事会成员在安然公司每年以现金、股票期权和虚拟股票的形式获得的报酬高达 35 万美元。股东应该得到保证，董事会成员会将投资者的利益置于高管之上。当然，当外部专家出面警告公司有潜在危险时，股东也希望董事会能够跟进。然而，安然公司的董事会成员忽略了这些警告，并且一次又一次地让高管大发横财。"因此，罗伯特·伯恩认为安然公司董事会鲁莽、疏忽，对于因公司倒闭而给投资者带来的巨大损失至少负有部分责任，且在法律上也要承担个人责任。

安然公司董事会在美国国会"见了棺材也不掉泪"的辩解，实属让人不能接受的玩忽职守行为和曲解领导力的鲜活事例。遗憾的是，像这样消极被动、疏于监管的董事会司空见惯。据我所知，一家大型非营利性组织的 CEO 就信心满满地声称董事会为她工作，而不是她为董事会工作。如果是这样的话，不仅这种说法从法律层面来讲是错误的，而且董事会也没有履行它应有的责任。

更重要的是，这样的董事会成员没有掌握法定义务的核心信息，他们觉察不到相关的重要信息，也就不可能对组织施以监管。尽管那些董事会拥有技能、学历、经验，却往往疏于监管。董事会成员时常无法意识到 CEO 应该向他们汇报工作，而不是他们向 CEO 汇报工作，也没有意识到他们肩负着监管组织活动的财务责任和道德责任。通常，一个组织的总裁或者 CEO 会邀请专业人士进入该组织的董事会（包括董事会和顾问委员会）。董事会会不定期举行会议，由公司 CEO 主持，然后董事会决定是否采纳他提出的建议。在某种程度上，正是由于这样一种结构，太多的董事会成员无法觉察重要信息并针对组织中的领导失误采取相应行动。在很多情况下，董事会将可能产生制约因素的行为模式当成了制度规范，而正是这些制约因素导致他们无法觉察到重要信息。

创建于 1987 年的印度企业萨蒂扬公司（Satyam）曾取得巨大的成功，全球最大的 500 家企业中有超过 35% 都由它提供 IT 解决方案。在其鼎盛时期，萨蒂扬公司雇用了将近 5 万名员工，业务遍及 67 个国家。随着 2008 年全球股票市场的崩盘，印度证券交易所的股票价格指数从 21 000 多点下跌到 8 000 点以下，但是当年的绝大部分时间萨蒂扬公司一直在发布积极的经营数据。[13]

2008 年 10 月，问题的第一个迹象开始显现，当时世界银行宣布不再让萨蒂扬公司作为其服务提供商，并且表示在 8 年之内不会与该公司有业务往来。世界银行声称，萨蒂扬在其电脑上安装了间谍系统，并窃取了它的部分资产。第二个迹象也出现在 10 月，在萨蒂扬公司与股票分析师参加的一场公开的电话会议中，一位股票分析师提醒人们注意萨蒂扬公司的所有者把大量现金存在非计息银行账户中的情况。公司所有者对此并没有提供任何的解释。为何公司所有者会让大量现金“趴”在账上，甚至没有利息呢？而且，为何公司所有者在被公开问及此事的时候不予置评？

问题的第三个迹象在 2008 年 12 月出现，当时萨蒂扬公司董事会一致同意并批准了对梅塔斯房地产公司（Maytas Properties）和梅塔斯基础设施公司（Maytas Infrastructure）的收购，但是这两家公司与萨蒂扬公司的核心业务并不相关。董事会一致支持该交易行为，这激怒了投资者。大家后来才得知，萨蒂扬公司 CEO B. 拉马林阿 · 拉于（B. Ramalinga Raju）的家族在这两家公司持有的股份甚至高于其在萨蒂扬公司的股份。一些人怀疑这些交易的目的是试图将萨蒂扬公司的资金输送到拉于家族手中。由于外界舆论的压力，交易中止了。第四个迹象是拉于在萨蒂扬公司的个人持股比例从 2005 年的

15.67% 降低到 2009 年的 2.3%。[14] 但是，萨蒂扬公司的董事会似乎并没有觉察到公司内部出现问题的迹象。

梅塔斯收购事件之后，股票分析师建议卖出萨蒂扬公司的股票。公司股价下跌了将近 10%，该公司的 5 位独立董事中的 4 位从公司离职。2008 年 12 月 30 日，福里斯特研究公司（Forrester Research）的分析师建议客户停止与萨蒂扬公司的业务往来，因为他们怀疑该公司可能存在更严重的欺诈行为。萨蒂扬公司咨询美林证券（Merrill Lynch）如何阻止公司股票价格暴跌。但是 8 天之后，美林证券通知股票交易所，由于发现了萨蒂扬公司实质性的财务违规行为，因此美林将退出此项业务。

2009 年 1 月 7 日，拉于向萨蒂扬公司的董事会坦承，数年以来他一直在伪造公司的各种报表。他最终还承认在萨蒂扬公司的资产负债表上虚增了 14.7 亿美元的资产。事实上，几年来公司每个季度都会虚增营收。根据拉于所述，一开始营收的虚增幅度比较小，但是常年累计下来数字越来越大。“确实处于骑虎难下的困境。”他这样说道。

虽然拉于个人对这一欺诈案负有主要责任，但萨蒂扬公司的审计人员和董事会也需要为没有发现其错误行径的迹象而担责，他们最后也因为对公司缺乏充分监管而被投资者起诉。全球四大会计师事务所之一普华永道从 2000 年 6 月开始就承担萨蒂扬公司的财务报表审计工作，一直到东窗事发，共有大约 9 年时间。更有意思的是，萨蒂扬公司向普华永道支付的审计费大约是行业正常费用的两倍。[15] 作为四大审计公司之一的普华永道 9 年来都没有查出这些极端性欺诈行为，而美林证券不到 10 天的尽职调查就已发现问题，由此我们似乎就有充分的理由去质疑整个审计行业的诚信问题了。在下一章，我们将讨论审计工作中欠缺觉察的事例，不过，我们先来看一下为何萨蒂扬公司的董事会也没有发现这种欺诈行为。

安然公司和萨蒂扬公司的情况比较极端，绝大多数董事会所面临的责任考验并没有那么明显。我曾担任过几个非营利性组织的董事会成员，经历过发现错误行为所会遇到的各种制约因素和灰色地带。接下来所讲的一次个人经历能够反映出与觉察重要信息相关的各种机会和风险。

> 一个非营利性组织的总裁和创始人邀请我加入董事会。这位总裁是一个真正想让世界变得更好的好人，他干得不错，并对该组织能够对世界产生的影响抱有非常乐观的看法。然而，这种乐观态度往往让其夸大财务状况，这样有助于让外部支持者觉得该组织更加强大。但是我的观点是，这些说辞至少从专业层面上讲是错误的。我在董事会上发言点评，总裁的有些行为是不能被接受的。作为回应，该组织不再对具体的财务报表进行修饰，但他们求好心切，转而采用另外一种类似的不正当做法。最终由于我无法接受正在发生的这些事情，所以从董事会辞职，同时也在这个过程中失去了一位朋友。

这件往事对我来说并不愉快，但是我为自己的决定感到欣慰。如果当时只是期望该组织实现自我改造，那么我将有愧于自己在本章中对其他董事会不正当做法的指责。同时，我并不是在这里自我标榜，只是想让大家知晓我是如何觉察信息并依此采取行动的。实际上，如果领导力能够促使组织进行系统变革，那么辞职就恰好说明我没有能力让组织实现变革。如果他们真的进行变革，我就不需要辞职。

在我们谈论解决方案之前，我再举一个例子。它能够说明，如果无法觉察到重要信息的行为成了全行业的惯例，就会出现系统性的领导失误。

关键不是更多的监督，而是更明智的监督

2012 年 6 月，英国巴克莱银行首次承认欺诈性操纵伦敦银行同业拆借利率（Libor）。巴克莱银行为这一行为付出了 4.5 亿美元的罚金。对许多人甚至是那些具有复杂商业头脑的人来说，这则新闻报道并没有多大吸引力。但是同业拆借利率操纵丑闻是一个大事件，理应受到更多的关注。设置同业拆借利率主要是为了用公平有效的利率协调银行间的短期信贷。而许多其他利率也会紧随同业拆借利率来调整，包括银行向客户提供的汽车贷款、学生贷款、抵押贷款等的利率。同业拆借利率的影响远远超出了英国的范围，例如对美国的抵押贷款浮动利率就会产生重大影响。

同业拆借利率的根本性缺陷就在于计算方式过于简单。在每个交易日上午 11 点，全球主要银行的交易员都要报告自家银行的借款利率。但是各个银行宣布的利率并不是实际发生的借款利率或者他们向其他银行收取的实际利率，而是由银行自行申报的预估利率。预估报价中最高的 1/4 和最低的 1/4 不予计算，余下 1/2 中间报价的利率取平均值。这一计算方式运用于 10 种货币和 15 种不同期限的贷款利率。这样，就会计算出 150 个同业拆借利率，然后这些利率被应用到价值 360 万亿美元的全球资产交易当中。这意味着，如果所有的同业拆借利率在一年之内平均降低 0.1%，全球资产的利息将会减少 3 600 亿美元。仅仅美国州、县和地方政府在该丑闻中的实际损失估计就有 60 亿美元。[16]

巴克莱银行根据同业拆借利率的走势做出投资，然后以有利于其投资的方式申报虚假利率。在不做投资时，巴克莱银行故意降低它的预估利率，目的是为了让自己的内部利率具有可预测性和稳定性。巴克莱银行并不是唯一一家卷入利率操纵的金融机构，有大量证据显示一些银行通过合谋来操纵同业拆借利率。学术研究表明，花旗银行利率低报率要比巴克莱银行高出

50%，加拿大皇家银行是最极端的利率操纵者。[17] 2012 年 12 月，瑞银集团也因相同的指控被裁定 15 亿美元的罚金。在这些银行中，也有多人涉案遭到起诉。

苏格兰皇家银行的交易员谭志民（Tan Chi Min）承认，皇家银行知晓此事，还参与了一个操纵同业拆借利率的垄断联盟。在交易员的即时通信信息中，苏格兰皇家银行驻新加坡的日元商品交易主管扎斯理 · 毛希丁（Jezri Mohideen）要求设定同业拆借利率。以下是他们的通信对话。

毛希丁：现在的同业拆借利率是多少?

交易员甲：你想要将同业拆借利率修改到多少?

交易员乙：感到有些纠结，但我还是希望再低一些，这样情况就会发生些许变化。

交易员丙：如果同业拆借利率走低，整个对冲基金界将会亲吻你，而不是打电话来找麻烦。

交易员甲：好的，我会降低 1 个基点，如果可以，或许会降更多。

接着是谭志民和德意志银行的马克 · 翁（Mark Wong）对此事的日常交流，这凸显出操纵同业拆借利率对第三方产生的负面影响。

谭：修改同业拆借利率能让你赚或者赔那么多钱，只要一想就让人觉得很兴奋。伦敦现在有一个垄断联盟。

翁：做交易员太难了，尤其是当你不在圈内的时候。[18]

从监督的角度来看，一个国际性交易系统为腐败提供了滋生的土壤，这简直让人难以置信。能从利率操纵中获利的银行恰恰控制着利率的制订。银行可能会为了私利而以整个社会利益为代价去操纵利率，这是多么明白的事，监督者怎么就没有看出来呢？对于全球金融领域的系统性欺诈行为，主要监管机构怎么能够保持缄默？

该丑闻爆发之后，有人提出了一些合乎逻辑的改革提议，其中包括要求银行提交的同业拆借利率以银行间实际的存款交易为基准，而不是主观的报价。[19] 也有人建议，要对操纵利率的类似行为做出刑事制裁。但是这并没有回答最突出的问题：为何在发生灾难性事件之后，监督者才意识到要做出这类常识性变革呢？

蒂莫西·盖特纳（Timothy Geithner）在担任美国财政部长之前，是纽约联邦储备委员会（New York Federal Reserve Board）的负责人。在担任该职位期间，他曾于2008年写信给英格兰银行的负责人，建议尽早对同业拆借利率进行改革。但是他的建议含糊不清，并没有点明问题的严重性。《卫报》（*The Guardian*）记者娜奥米·沃尔夫（Naomi Wolf）在报道中这样描述盖特纳："看着金融系统内精心构思的欺诈帝国，我们很难忽视一种可能性，那就是这种不自找麻烦的缄默行为能够得到回报，包括获得更高的职位、拥有更大的权力。如果你知道利率操纵和监管失败是系统性的，却保持沉默，那或许就表明你是可靠的，可以被当作自己人。"[20]

这一看法听起来非常有讽刺意味。令人遗憾的是，同业拆借利率丑闻中出现了类似的证据。银行的失败是一种失德行为，他们为了一己私利而故意扭曲利率。全世界监督者的失败是没有觉察到整个系统已经腐败，需要在监督层面进行改革。很明显，允许银行基于其自身利益来自主申报利率，显然不是公平公正设定利率的最佳方式。

这一事例说明需要对金融市场进行更大程度的监督，这不是更多的监督，而是更明智的监督。监督者和政策制订者需要思考，市场上的行为人在考虑自身利益的情况下会如何发挥作用，也就是说，他们的行为会怎样扭曲市场或者牺牲那些不具有话语权的人的利益。

对无法觉察到重要信息的问题进行反思并不难，这一点我们在媒体上已经充分讨论过了。毕竟，获得这些数据是很容易的。当我们自己进行监督的时候，无论对象是我们的孩子、员工还是同辈，时常会遇到看起来不太对劲的情况。通常，我们会忽视不断增加的数据，或者不敢麻烦其他人以获取更多可以揭示真相的重要信息。因为沉默和自大，我们接受并助长了腐败。

媒体经常对高校的大规模作弊丑闻做报道，其中包括我任教的学校。这类报道关注的总是最终端，即学生的行为。作弊行为确实令人感到遗憾，但是媒体漏报了领导者，即教师和行政管理人员，这些人忽视了引发作弊行为的条件和诱因。在丑闻发生之前觉察到这些情况并对组织进行改革，而不是仅仅关注学生做出的不诚信行为，我相信这才是领导者应该做的。

在下一章，我将继续讨论学术界的腐败问题以及其他议题，焦点将放在教师身上，以便让各位更好地理解：当领导者没有觉察到潜在的陷阱时，整个系统是多么容易滋生腐败。

THE POWER OF NOT!C!NG

本章小结

1. 当被其他事务缠身、不具备觉察重要信息的动机，或被周围的人蒙蔽的时候，领导者通常无法获得重要信息。
2. 有效管理的一个关键因素：用于评估下属行为的相关信息。
3. 领导力代表着责任，其中的一个关键责任就是觉察到那些外围的迹象。
4. 领导者的责任就是要识别出哪些信息是必要的以及如何获得这些信息，而不是根据那些显而易见的现有信息采取行动。
5. 领导力要求我们质疑反常的数据信息并找到必要的信息，这样才能得出准确的结论。
6. 当领导者没有觉察到潜在的陷阱时，整个系统很容易形成腐败。

THE

POWER

OF

NOT!C!NG

04

集体盲视，
把所有事都视为理所当然

模拟训练

现在存在这样一个关系网络，审计公司具有取悦客户的动机，这种动机削弱了审计公司的独立性。而且，在整个审计行业，腐败行为也已经司空见惯。在现有法律之下，审计公司在避免被客户解雇和得到客户继续聘用方面具有财务方面的动机。如果一家审计公司没有认可客户的财务报表，那么它就极有可能失去这个客户。审计公司还从非审计服务中获取了很高的收益，其中包括为客户提供业务咨询服务。在许多案例中，审计公司从非审计服务中获得的收益要远远高于其从审计服务中获得的收益。此外，作为咨询公司，这些审计公司居于妥协地位，向应该公正审计其财务报表的公司提供了具有倾向性的业务建议。个别审计人员最终离开了会计师事务所，并在客户的公司获得了工作。实际上，到客户的公司工作是审计人员发生工作变动的最常见形式。所有这些情况都造成了这样的局面：同诚实守信地审计客户的财务报表相比，审计公司取悦客户所获的收益会更多。如果你是审计公司的 CEO，是会选择完全独立地审计，还是选择有利于客户的审计方案？

马克·D. 豪泽（Marc D. Hauser）曾是哈佛大学心理学系的一位知名教授，在研究动物和人类认知方面颇有建树。豪泽在校园中也备受瞩目，他留着时髦的山羊胡子，拥有调皮的眼神和完美的言谈举止，很明显他是一位具有典型领导者气质的人。他是一名非常受欢迎的公众人物，在学生、同事和大众媒体中都很有名气。2010 年，有消息传出，哈佛大学发现了豪泽的 8 项学术不端行为。一年之后，他从哈佛大学离职。虽然无论是豪泽还是哈佛大学都没有说明他究竟做错了什么，但是《认知》（*Cognition*）学术杂志撤销了豪泽 2002 年发表的一篇论文。媒体报道称，曾与豪泽一起工作过的学生指控其对实验室数据造假，哈佛大学决定对他的实验室进行调查。[1]

按照《高等教育纪事》（*The Chronicle of Higher Education*）的说法，豪泽的前研究助理怀疑他研究的真实性并最终将怀疑报告给了哈佛大学的行政管理人员。豪泽长时间以来持有这样的观点，灵长目动物尤其是猕猴和绒顶柽柳猴像人类婴儿一样具有识别模式的能力。研究助理指控他在对录像带中的猴子行为进行编码时造了假。[2]《高等教育纪事》的报道指出，在一个实验中，豪泽的团队观看录像带，并将猴子的反应方式进行编码。如果猴子识别出了模式，就用一种方法来编码；如果它们不能识别，就用另一种方法来编码。研究规范要求两名研究人员独立观察并分别对录像带进行编码，以确保编码的可靠性。

《高等教育纪事》报道的实验中，豪泽和一名研究助理都观看了录像带并进行了编码。另一名研究助理分析了研究结果，发现那位研究助理并没有觉察到如豪泽研究中所预测的现象，即猴子会看到模式变化。然而，豪泽的编码显示，猴子已经觉察到了模式的变化。如果豪泽的编码是正确的，那么这项实验就是成功的并可以公开发表；如果研究助理的编码是正确的，那么这项实验就是失败的。第二名研究助理和一位研究生向豪泽提议，再找一位研究助理进行第三次观察和编码，但是豪泽反对这项提议。在与年轻同事进行了几轮邮件沟通之后，豪泽这样写道："我都有些生气了。"这名对数据进行了分析的研究助理和那位研究生未经豪泽允许自行查阅了录像带，并独立进行了编码。他们都得出了这样的结论：实验并不成功，豪泽的编码没有如实反映视频中的猴子行为。随着该事件逐渐传开，其他几位实验室人员也表示曾与豪泽发生过冲突，他们认为他对报告中的数据造假，而且坚持使用这些数据。

2010 年，就在豪泽学术不端行为的消息传出去之前，我在海牙的一次荷兰政府高级官员会议上做了报告。此次会议的目的在于，让行为决策研究者和心理学者向政府的政策制订者分享他们的研究成果。在美国，政策制订者所使用的大多数社会科学知识都来自经济学领域，但是荷兰政府官员似乎对心理学所能给予他们的启示特别感兴趣。荷兰蒂尔堡大学（Tilburg University）的知名心理学教授迪德里克 · A. 斯塔佩尔（Diederik A. Stapel）是一位使荷兰政府重视心理学研究的核心人物，也是邀请我到海牙的学术团队的成员。不幸的是，就在本次会议后不久，斯塔佩尔因多年来伪造数据而被蒂尔堡大学停职，据说他公开发表的论文中至少有 30 篇涉嫌造假。2011 年 10 月 31 日，蒂尔堡大学的调查委员会透露，起初 3 名不愿透露姓名的年轻同事报告了斯塔佩尔的不端行为。豪泽和斯塔佩尔的事例表明，年轻同事要团结互助、积极交流，才有可能在公开场合质疑资深前辈。

在中期调查报告中，斯塔佩尔这样回应：

> 我不配做一名科研人员。我修改了研究数据，伪造了数据，而且不止一次，而是很多次；不是在短期，而是在更长的时间里持续这样做。我意识到同事们对我的行为感到震惊和气愤。我抹黑了自己所从事的社会心理学，我为此感到羞愧，也非常后悔。我没有顶住业绩评分和发表论文的压力，也没有经受住研究越做越好的诱惑。我太急于求成了。在一个人们独立工作和缺少制衡的体制里，我走上了一条错误的道路。但我想要强调的是，我所犯的错并非出于自私的目的。[3]

就在最近，又有两位非常知名的心理学家被列入了伪造数据的学者名单。所有这些伪造数据的事例都被媒体广泛报道。有意思的是，在豪泽和斯塔佩尔这两个事例中，觉察到正在发生的事情并对此进行举报的是一些资历较浅的研究人员，而能够接触到相同信息的资深研究人员却对此无动于衷。其中的潜台词是：首先，我认为数据造假应该受到更严重的惩罚；其次，此类事件并没有对科学进步产生大的威胁。数据造假的研究人员并不算多，对重要结论进行重复验证的学术规范充分保证了不会出现虚假结论。如果研究结果无法在学术界得到重复验证，那么研究人员的成果通常就会受到质疑。

然而，那些为数不多、明目张胆的数据造假的事例被曝光，很可能让我们忽视一个更为严重的问题。我指的并不是系统性造假有未被曝光的可能性。与这两起事件同样令人震惊的是，质疑并最终采取行动的都是年轻同事。当违背诚信和背离学术道德的行为被曝光的时候，大家对此都松了一口气，这对整个学界或者行业才是更值得思考的。大多数学者都声称他们不会犯类似的错误。但是，这种彻头彻尾的欺诈行为使我们对诚信受到威胁视而不见，这种威胁比欺诈行为更普遍，媒体却对此没有关注。这种威胁可能会使整个行业失察，造成集体盲视。当普遍的做法无法确保一个行业的诚信时，那么会发生什么？

共同的行为不代表正确

2012 年 3 月，美国公众公司会计监管委员会（Public Company Accounting Oversight Board，以下简称“PCAOB”）邀请我和我的同事唐 · A. 穆尔（Don A. Moore）参加听证会。基于安然公司和审计机构安达信会计师事务所以及其他公司的一系列财务造假案件，根据 2002 年的《萨班斯 – 奥克斯利法案》（*Sarbanes-Oxley Act*）成立了这个调查机构。PCAOB 举行听证会，讨论是否应该要求上市企业定期更换审计公司以保证审计工作的独立公正。我们受邀到 PCAOB 位于华盛顿的办公室，这多少有点像是在演戏。事实上，PCAOB 的主席詹姆斯 · 多蒂（James Doty）早已知道我们要说什么，过去的 15 年中我们一直在反复强调同一个观点，但在说服机构领导者建立真正独立的审计工作方面一直没有成效。现在，在由 5 位委员会成员、反对改革的审计公司以及财经媒体组成的听众面前，我们再次满腔热情地阐述了需要保证审计公司独立性的观点。

这次讨论细节太多，那就先让我来介绍一些背景情况。与大多数发达国家的政府一样，美国政府承认许多外部当事人（投资者、战略伙伴等）需要依靠公司的各种报表来决定是否投资该公司或与其发生业务往来。因此，法律要求企业必须接受独立审计机构的审查，从而出现了能够提供独立审计服务的审计行业。1984 年，在美国最高法院代表美国政府控告阿瑟 · 扬会计师事务所（Arthur Young & Company）一案中，首席大法官沃伦 · 伯格（Warren Burger）主张，审计公司在任何时候都要保持与其客户的完全独立性。

在向 PCAOB 所做的证词中，我重申了在 1997 年的一篇文章中首次提出的观点，之后2000年我在为美国证券交易监督委员会所做的证词中也持有这一观点。在此，我将再次做出说明：美国没有独立的审计，拥有独立审计所需采取的措施已经十分明确，而我们却一直没有做出这些变革。在美国，要求公司接受独立审计的成本非常高，而整个审计行业的氛围无法确保他们所提供的审计服务独立公正。统治这个行业的四大会计师事务所在操纵美国法律和政治体系方面取得了巨大的成功，得以保持其市场和利润，但牺牲了建立独立审计体制的诸多条件。同时，大多数社会团体也都没有注意到这个问题的严重性。

那么，问题究竟出在哪里？

“独立的审计公司”是不独立的。所有这些情况都不支持安达信公司和安然公司案例中审计人员行为的独立性。让我们再次思考一下这一简单事实：在1986年这家能源公司刚刚成立的时候，安达信会计师事务所就成功地拿下安然公司这家客户，一直为其服务到这两家企业同时倒闭为止。

我与金伯利·摩根（Kimberly Morgan）和乔治·勒文施泰因（George Loewenstein）1997年首次就审计人员独立性问题所发表的文章认为，决策者通常会将利益冲突看作在履行义务和利己行事之间需要做出的一种选择。[4]交易员面对操纵利率的行为，可以选择向监管者举报，或者要求以利于他投资的方式来设定指数。这其中的利益冲突显而易见，并且是一种有意而为之的选择。这种认为利益冲突纯属有意而为之的观点将会导致另外一种看法：在道德层面进行劝说或者约束可以防止利益冲突带来的破坏性影响。然而，大量的研究证明，我们的意愿往往影响着我们理解信息的方式，即使是在试图保持公正客观的情况下。大多数人认为，自己的驾驶技术比其他人好，自己的孩子要比别人家的聪明，自己选择的股票或投资基金的收益会高于市场收益，即使有明确的证据表明事实并非如此。我们不会承认与自己想得出的结论相矛盾的事实，我们会不加批判地接受支持自己立场的证据。我们不会意识到自己对信息的处理方式已经扭曲，仍会错误地认为，自己对于信息的判断是没有偏差的。

多年前的实验已经证明了自我服务偏差（self-serving bias）的影响力。在由琳达·巴布科克（Linda Babcock）、勒文施泰因、塞缪尔·伊萨卡洛夫（Samuel Issacharoff）和科林·卡默勒（Colin Camerer）共同进行的一项著名研究中，参与者模拟了一场原告律师与被告之间的谈判。[5]每一对参与者都获得了相同的涉及摩托车、汽车碰撞诉讼的警察和医疗报告、证词及其他材料。每一对参与者都需要试图达成被告赔偿原告的和解方案。如果双方不能达成和解，将有一名法官来决定赔偿金额，双方都将支付巨额的罚金。在谈判开始之前，参与者要预测如果谈判失败，法官会判决原告获得多大数额的赔偿金。同时其中一方会得到保证，对方不会看到他的预估赔偿金额，而且这一金额也不会影响法官的裁决。另外，还有各种激励措施以保证参与者可以准确地预估。然而，通常情况下，代表原告驾驶员的研究参与者提出的预估金额，是代表被告的参与者所预估的赔偿金额的两倍还多。

我和唐·A. 穆尔、劳埃德·特鲁（Lloyd Tanlu）曾对此类利益冲突所产生的影响力进行过研究。我们通过让研究参与者根据一家虚构公司可能被卖掉的信息，来评估这家公司的价值。[6]参与者分别扮演 4 种角色：买方、卖方、买方的审计人员和卖方的审计人员。所有的参与者都看到了相同的信息，包括那些能够帮助他们评估该公司价值的信息。那些扮演审计人员的参与者向他们的客户提供了该公司的预估价值金额。结果，卖方所提出的预估金额高于买方。[7]更有趣的是，扮演审计人员的参与者会强烈倾向于其客户的利益：卖方的审计人员预估这家公司的价值要远远高于买方审计人员的预估价值。

这种偏差是有意而为之的，还是从事不道德行为的人也不知道他们正在做着错误的事情？我和同事将它称为“有限道德”（bounded ethicality）。[8]为了一探究竟，我们要求扮演审计人员的参与者如立场公正的专家那样对这家公司的真正价值做出评估，并告知他们将根据评估的准确性给予相应的奖励。结果，卖方的审计人员的预估价值还是要比买方审计人员的预估价值平均高出30%。这些数据有力地说明，参与者以不公正方式去理解目标公司的信息；扮演审计人员的参与者做出了具有倾向性的评估，他们觉察到客户行为偏差的能力受到了限制。仅仅与客户存在着一种假定关系就能够扭曲审计人员扮演者的判断。我们还邀请到四大会计师事务所的审计人员再次进行了这项研究。让人遗憾的是，这种涉及数百万美元收入的长期合作关系会产生更大的影响。由于对支付其费用的公司存在着倾向性偏差，审计人员并不能置身于客户利益之外。

我们在21世纪初首次公布审计过程中自我服务偏差的实验研究结果，心理学研究领域普遍这样回应："我们早知道这一点，而且很早以前就已经知道。"心理学研究很早就表明，从有利于自身利益的角度来看待数据的人不能保证其独立性。换句话讲，我们指责的是审计人员的人性。审计界轻蔑地看待我们的研究结果，因为他们认为审计人员是完全独立的，这一群体包括很多顶尖会计师事务所的负责人、学术界的会计师以及那些不作为的监管者。我相信这一群体仅仅将偏差看作一个有意而为之的过程，因为他们认为审计人员是诚实守信的，这就足以让审计人员免受偏差的干扰。

在企业界一直有许多不法之徒，他们故意从事非法活动，比如伯纳德·麦道夫、杰弗里·斯基林①、肯尼思·莱②、安德鲁·法斯托③等。平心而论，我们大多数人所造成的伤害要比他们大得多，我们从事不好的行为却并不承认自己做错了事情，我们看到别人从事不道德的行为时却三缄其口。与此类似

① 杰弗里·斯基林（Jeffrey Skilling），安然公司前总裁。——译者注

② 肯尼思·莱（Kenneth Lay），安然公司创始人。——译者注

③ 安德鲁·法斯托（Andrew Fastow），1988年3月—2001年10月担任安然的CFO。——译者注

的是，尽管媒体曝光了马克·D. 豪泽和迪德里克·A. 斯塔佩尔的欺诈行为，但其实只有很小一部分心理学研究者刻意伪造了数据。但是，即使这类欺诈行为很少发生，也会让我们对数据的真实性表示出极大的怀疑。事实上，学术界更严重的事情是：怀有善意的研究人员一直在破坏他们研究工作的诚信度，而整个学术界却没有意识到他们正做着错误的事情。

在社会科学的定量研究中，研究者和同行评议期刊时，普遍使用一种特定的评判标准来决定一个研究结果是否具有统计学意义上的显著性。这种评判标准就是，统计学中的 P 值（假定值）是否小于 0.05，这意味着给定结果发生的概率不超过 5%。尽管科研人员使用许多种不同的统计学方法，但是“P 值 <0.05”这一评判标准在所有实验中仍然占据着主导地位。研究人员知道，他们的研究结果很可能需要符合“P 值 <0.05”的标准，这样才有可能发表在顶尖学术期刊上。有很多方法可以帮助研究人员达到标准，即采用所谓的“研究人员自由度”（researcher degrees of freedom）。[9]

现在如果有一名研究人员提出这样一个假设：在投资方面男性比女性更愿意冒险。[10] 如果研究人员使用一种实验方法来测试这一假设，并提前决定参与实验的男女数量，“P 值 <0.05”这一标准就会发挥作用。例如，你可能将参与实验的男女带到实验室，让他们在股票和债券之间做出一组投资决策，结果发现男性更倾向于选择股票，这一结论就会支持你的假设。但是，如果你为参与者提供的是风险水平不同的股票和债券，结果又会如何？现在你可以测试以下结论是否属实：

1. 男性比女性更倾向于投资股票而非债券；
2. 男性比女性更愿意选择风险水平更高的股票；
3. 男性比女性更愿意选择风险水平更高的债券；
4. 通过金融学者所开发的 3 种不同聚合方法可以证实，男性在投资中愿意承担的总体风险水平较高。

现在，假设你让 15 名男性和 15 名女性参加实验。你发现实验结果符合你的预期，但是没有明显达到“P 值 <0.05”这一标准。你让另外 15 名男性和另外 15 名女性再次参加实验，你的实验结果却没有多大的显著性意义（P 值介于 0.10 和 0.05 之间），因此你又让 20 名男性和 20 名女性参加实验。最后，当你将这 3 次实验的研究结果放在一起比对时，你发现男性比女性更有可能选择高风险股票的结果更为显著了。

这一假设背后的基本理念是，研究人员能够尝试多种不同的结果来对相同的观点进行测试；学术用语就是，他们能够收集到多个因变量。研究人员会收集一批数据，如果实验结果接近显著性，就会收集更多的数据，这样以多次尝试的实验结果来达到“P 值 <0.05”的标准。在收集到大量数据之后，研究人员还会将某些数据作为离群值（参与者的一些奇怪回应，说明他们并不理解实验任务）排除出去，最后再看排除那些数据是否会影响实验结果。

2011 年，心理学研究者乔·西蒙斯（Joe Simmons）、利夫·纳尔逊（Leif Nelson）和尤里·西蒙逊（Uri Simonsohn）在做了一项研究之后发表了一篇有影响力的论文，表明有确切证据显示使用 4 种类似的研究人员自由度方法加上一些创造性的做法，就极有可能使实验结果符合“P 值 <0.05”的评价标准，甚至是在实验的基本观点已经被证明是错误的情况之下。[11] 即使使用随机的数据，当研究人员通过多种方法测试观点时，他们获得想要结果的概率会远超 5%，接下来他们就能够公开发表这一实验结果了。乔·西蒙斯及其同事的研究结果还显示，仅仅需要少量的研究人员自由度就能够将实验结果的显著性提高至少 50%，使用随机数据也是这样。简而言之，他们的研究显示，在学术界既定标准之下展开研究并得出想要的但却是错误的结论的可能性非常高。

同行评议期刊因为版面有限，经常不会让研究者全面展示完整的数据和实验，这一做法变相支持了这些具有争议性的研究行为。并且，主观性越高的学术领域，采用具有争议性研究做法的可能性就越高。这说明社会科学研究特别容易受到此类做法的影响。

在另一篇与此相关的论文中，莱斯利·K. 约翰（Leslie K. John）、乔治·勒文施泰因和德拉森·普雷莱茨（Drazen Prelec）针对心理学研究人员做了一项调查，使用一个复杂的程序诱导人们做出诚实的回答，向他们询问对于具有争议性研究行为的使用次数。[12] 这些行为包括：（1）没有公布一项研究中的所有因变量（自变量变化的结果）；（2）在测试实验结果是否具有显著性之后，决定是否要收集更多数据；（3）没有公布一项研究的所有情况或者版本；（4）因为想要的实验结果已经出现而提前停止实验；（5）从对自己有利的方向对 P 值做出四舍五入的处理，例如将 P 值 0.054 处理为小于 0.05；（6）有选择性地公布那些"有用的"结果，而不去公布那些没有成功的；（7）在看到数据对研究结果的影响之后，决定是否排除数据；（8）谎称在一开始就已预测到了某一项意外发现；（9）谎称实验结果没有受到人口统计变量（例如性别等）的影响；（10）伪造数据。最后一种行为就是我们在豪泽和斯塔佩尔案例中讨论过的那类数据造假，我们关注的是其他 9 种程度较轻的违规行为。

莱斯利·K. 约翰及其同事的调查结果显示，在心理学研究人员中，前 8 种争议性研究行为中占比为 36%~74%，在第 9 种行为中占比为 13%，在第 10 种行为中占比为 9%。即使这些数字被夸大了一倍，争议性研究行为的使用比例如此之高也依然让人吃惊。结论很明显，研究文献以及公开发表的论文结果很有可能并不是真实的。

社会科学研究怎么到了这样一种地步？首先，近年来学术界的竞争愈发激烈。现在想要去声誉较高的高校任教，要比 30 年前我初入学术圈时难度更大了。具有顶尖水平的新晋博士为了获得工作机会而发表的文章数量让人瞠目结舌。此外，顶尖大学的学者更有机会获得媒体关注、巨额讲座费、出版机会，因此更加吸引大家争取这一令人羡慕的职位。

其次，期刊编辑想要发表“有趣的”研究结果。为了在有限的版面上发表更多的论文，许多顶尖期刊缩减了用于展示研究方法细节的版面。综合起来，这些因素促成了研究人员采用太多的自由度，而没有意识到他们正在做错误的事情。至少在乔·西蒙斯、莱斯利·K. 约翰及其同事发表了这篇著名论文之前，大家根本没有考虑到这一点。很多研究人员只是遵从导师的建议、期刊编辑的意见以及学术界的标准做法，而没有认真思考一下，当我们采用“P 值 <0.05”标准的时候，是如何违背最基本的逻辑的。

对很多人来说，这两篇优秀的研究论文是在呼吁我们改变做事方式，同时也强调了需要明确在实验室进行研究的规范方式。但是，并不是所有的社会科学研究者都同我一样，热衷于变革学术研究方法。事实上，这两篇论文的作者也由于其研究方法中的小纰漏而遭受批评。例如，在莱斯利·K. 约翰及其同事的调研中，调查问卷的回收率只有 36%，这导致人们质疑样本是否具有代表性，他们很可能夸大了研究结果。但是，谁更有可能填写一份关于研究伦理的调查问卷，是具有道德水准的研究人员，还是不具有道德水准的研究人员？这一问题的答案显而易见，莱斯利·K. 约翰及其同事所预估的百分比数据无疑是保守谨慎的。

还有人指责莱斯利·K. 约翰及其研究团队的行事方式并不道德，批评他们只是为了获得关注，根本不懂研究方法的基本原理。这两项指责似乎不太合理：这几位作者都是广受赞誉的学者，发表了大量的研究论文，这足以证明他们对于研究方法有着清晰的认识。批评者表示，采用“争议性研究行为”的论文是所发表论文的少数，这可能也有些道理。批评者指责他们试图毁掉整个社会心理学界，并极力去证明对于该团队研究成果的压制是出于保护“圈内人”的目的，即避免让社会心理学界的秘密公布于众。最后，批评者认为与其对学术界实行变革，不如进行更多的研究，尤其是关于研究人员自由度问题的研究。

看着这些自我辩解式的回应和拖延伎俩，我惊恐地发现，他们与美国烟草行业、气候变化否定论者和审计公司所采用的抵制变革的方法如出一辙。[13]

研究人员自由度这一问题并不局限于特定社会科学领域或者特定研究方法，整个学术界面临这样一个挑战：如何本着最大的诚信来从事研究工作。不客气地说，我们没能管理好自己的研究成果并因此受到了公开的批评。研究人员自由度问题不能与数据造假问题混为一谈，这是两件完全不同的事情。社会科学研究者对他们的利益冲突视而不见，因此出现了混淆的问题。伪造数据这一行为可能并不是普遍现象，但是莱斯利 · K. 约翰及其同事的研究所揭示的情况确实已经成了司空见惯的做法。如果导师告诉博士生这种做法都是常规行为，那么这种研究工作就无异于以每小时超速的方式在危险驾驶。

质疑目前的做法，多问为何不

思考一下，以下两种选择中的哪一种更有可能会成功。

1. 禁止审计人员与其客户建立长期的合作关系，禁止他们向其客户提供非审计服务，也禁止他们到客户的公司工作；
2. 因为各种导致审计人员取悦客户的激励手段已经成为惯例，所以应制订一套复杂的法律和专业激励手段用以消除这一腐败性想法。

前一个选项明显比后一个更有意义，但是，数十年来出于政治方面的原因，人们一直选择的却是后者。这看起来是一个愚蠢的选择。

虽然有些审计人员已经意识到了他们的腐败行为，但大多数审计人员还是经常受到自我服务偏差的影响，这让他们像所有人一样以自己希望的方式来对待各种数据。基于会计工作的主观性以及会计师事务所与其客户之间所存在的紧密关系，即使是最诚实守信的审计人员，也会在无意中对客户的真实财务状况产生倾向性看法，这样就会误导投资者、监管者甚至公司管理层。

要进一步增强审计人员的独立性，其实很简单。

1. 审计人员应该接受固定期限合同，其中规定审计人员和审计公司的具体任期。在合同约定的期限之内，客户不能解聘审计公司。此外，客户也不允许在合同到期之时再次聘用该审计人员。这个任期需要符合法律规定。
2. 当客户要更换审计公司时，原审计人员不可以到客户新聘任的审计公司任职，从而防止其为同一客户继续提供服务。
3. 不允许审计公司提供非审计服务。
4. 特定时间之内，禁止为特定客户提供服务的审计人员成为客户公司的雇员。

审计改革的反对者将很快发现，这些建议的确会给审计公司及其客户带来成本。反对者要求在做出改革之前首先进行成本—收益分析，因为他们知道很难或者不可能找到那些关于审计人员自我服务偏差的证据。审计界投入了数百万美元用于游说，以便维持现有局面。我认为我们的选择不应该在现状和上述改革措施之间做出，而应该在以下两者之间做出：独立审计和取消企业审计。如果我们确实想要独立审计，那就是承认如果不对现有体制进行彻底改革，这一目标就无法达成。整个社会正支付着巨大的成本，却没有享受到该行业所声称的独立审计服务。

在美国，审计行业已经花费了几千万美元来阻止审计人员独立性的实现。也是在近几年，会计学者才开始接受我们的明确诉求。例如，2011 年美国会计协会（American Accounting Association）的管理会计部门邀请我作为主讲人，在年会上做一次关于审计人员自我服务偏差的讲座。这与此前 15 年完全不同，在那个时期，会计学界大多否认这一问题的存在，促使了 2008 年金融危机的蔓延。

与此类似的是，提升心理学和其他社会科学领域的研究诚信度的建议也非常明确，乔·西蒙斯及其同事已经给出了许多变革的措施。[14] 在这里，我仅列出他们的几个建议。他们建议研究人员在收集数据之前就要明确他们将收集多少次观察结果，要列出他们研究中所收集的所有数据和条件，要对论文中的所有决策保持公开透明。但是，需要注意的是，如果个别审计公司公平严格地开展工作，就会失去部分市场份额，与此类似，自愿遵守这些规定的研究人员在论文发表过程中也会处于不利地位，因此这是整个行业需要面对的问题。

期望大多数年轻研究人员来解决这一问题似乎并不合理，因为这会让他们在发表论文的过程中处境更艰难，尤其当他们得知其他人发表论文更容易的情况下。因此，期刊编辑和专业团体的领导者肩负着道德责任，应该采取行动改变实验方法和实验报告制作的相关规则。我们需要营造一个更诚实守信的环境。要求棒球运动员在明知对手服用类固醇药物时，仍拒绝服用类固醇药物，这并不合理。同样，期望在读博士研究生和非终身制教授来解决这一问题也不合理。行业领导者应该肩负起改变整个系统规则的责任。

注意环境、组织和系统的缺陷

利益冲突的问题并不仅仅存在于审计和学术界。医生、律师、投资顾问、地产代理人等许多我们需要其建议的人，都会受到利益冲突的影响。但是审计人员的相对独特之处在于：提供独立的评估是他们这一职业存在的唯一理由，而影响其专业性的利益冲突让独立性成了不可能。

注意，我说的是相对独特。让我们看一下 2008 年金融危机，金融危机的发生可以归因于许多因素：不负责任的银行，贪婪的房屋购买者、投机者，民主党国会给予低收入借贷者的高信贷额度，布什政府的不良决策和监管缺失。一些社会群体在这次金融危机中受到了错误判断和利益冲突的影响，但是与审计行业最相似的群体是信用评级机构。

审计公司存在的目的就是向外部利益相关人提供公司财务状况的担保，与此类似，信用评级机构的存在的目的是为了告诉外部利益相关人有关债务发行人的信用程度。它的业务就是为评估的投资证券进行风险评级。对于一个面向公众销售证券的金融公司，其发行的证券必须由三大评级机构来进行分级，它们分别是标准普尔（Standard & Poor's）、穆迪（Moody's）和惠誉国际（Fitch Group）。

伴随着房地产市场泡沫的形成，债券发行者开始将次级贷款和其他高风险住房贷款作为抵押贷款证券进行销售。大量迹象表明，信用评级机构在对这些证券进行评级时过于宽松，没有进行独立评级。现在可以明确的是，评级机构的高管给数以千计的复杂的抵押贷款证券授予了 AAA 评级（评级中的最高级别），而他们本应该怀疑这些证券存在着很大问题。有一点也很清楚，信用评级机构缺乏的正是他们存在的唯一目的：独立性。金融危机之后，美国众议院监管和政府改革委员会（House Oversight and Government Reform Committee）主席亨利·韦克斯曼（Henry Waxman）认为："信用评级机构的故事是一个关于巨大失败的故事"。[15]

接受证券评级的公司会向标准普尔、穆迪和惠誉国际支付费用。与审计公司一样，三大评级机构并没有对投资者负责，投资者也正是因为它们的宽松要求和独立性缺失而损失惨重。三大信用评级机构因为授予证券发行人顶级信用评级而获得了巨额的利润，它们获得的回报与其评估的准确性无关。事实上，这些拥有最宽松评级标准的评级机构最有可能的做法是，从新客户那里赢得业务后，他们对于正面评估证券具有很强的动机，于是评级标准一降再降，结果一发而不可收拾。就像审计公司那样，信用评级机构也在向接受其评级服务的公司提供各种咨询服务。

在金融危机爆发之后的很长时间内，这种失调状况一直存在于信用评级机构内。2013 年 9 月 17 日，《纽约时报》在一篇文章[16]中这样写道：标准普尔的高管做了一个决策，决定降低他们的评级标准，以便可以招揽到更多业务。这一点也很清楚，市场喜欢更低的评级标准。作为标准普尔降低评级标准的回应，其市场份额从金融危机后不久的 18% 跃升到 2013 年的 69%。[17]

如果评级机构具有取悦所评公司的动机，那么公正的评估就不可能存在。就像审计公司的支持者那样，信用评级机构的捍卫者认为只要强调公司诚信度的重要性，这些机构就不会做出具有倾向性的评估。这种说法错误地相信了信用评级机构的诚信度，这种不信任感还将持续存在。

撕开公开透明的假象

许多人无法觉察到利益冲突。教授、博士生、期刊编辑、管理社会科学团体的领导者也没有觉察到所有人都在做着争议性研究行为，从而集体降低了公开发表的研究成果的质量和诚信度。审计公司、审计人员、客户、投资人和美国证券交易监督委员会没有觉察到审计工作没有独立地开展。信用评级机构的股东、证券评级人员、接受证券评级的金融公司、投资人和美国证券交易监督委员会没有觉察到信用评级机构并没有发挥其主要职能。在这 3 个案例中，令人吃惊的是，所有行业都具有公开透明的假象。

如果有人告诉你“在我们这个领域就是这么做的”，那就应该提出这样的问题：为什么要这么做？是否有更好的做法？太多时候，我们将某一领域的常规做法看作一种合理的解释，即使我们清楚这些已经被接受的做法并不一定是正确的或者合适的。某种司空见惯的行为可能被看作正常的行为，这并不能够说明该行为是正确的。当我们不能站出来反对这些不道德行为的时候，我们自身就成了问题的一部分。

THE POWER OF NOTICING

本章小结

1. 从有利于自身利益的角度来看待数据的人，不能保证其独立性。
2. 如果有人告诉你“在我们这个领域就是这么做的”，那就应该提出这样的问题：为什么要这么做？是否有更好的做法？
3. 某种司空见惯的行为可能被看作正常的行为，但这并不能够说明该行为是正确的。当我们不能站出来反对这些不道德行为的时候，我们自身就成了问题的一部分。

THE POWER OF NOT!C!NG

05

刻意误导，你的关注焦点被有意转移

模拟训练

假设你正在做一项重大的购买决策，很可能是一辆奢侈型轿车或者一台新的平板电视。也可能你只想要找到一件合适的产品，比如为你的电脑找到最适合的浏览器。你需要做些什么，才能做出一个明智、谨慎的选择？

现在，让我们回到本书前言中所描述过的那个篮球视频上（我承认我对这个视频有点沉迷）。就像我所提到的那样，我的朋友马扎林·贝纳基捉弄了我和屋子里的其他人，让我们去数视频中球员的传球次数。如果我们没有专注于数传球次数，就能够清楚地看到一位打着伞的女士从球员中穿过。

贝纳基的“花招”让我想到了魔术。魔术师是怎么蒙骗我们，让人真的认为他们惊人的技艺能够违背物理学基本定律？绝大多数情况下是因为他们和贝纳基运用了相同的手法：误导术。在让大家觉察不到重要信息方面，魔术师是行家里手。他们是怎么做到的？就像贝纳基误导大家去数传球次数，让我们无法觉察到那位打着伞的女士那样，魔术师也擅于引导观众将注意力放在其他感官层面，而不再觉察到魔术戏法中的关键要素。

贝纳基用她的技巧来达到教学目的，魔术师运用他们的手法来娱乐观众，但是也有人会通过刻意误导来损人利己。在本章，我希望帮助各位掌握一些方法，让自己免受误导。

通过利用我们的有限认知能力，魔术师转移了我们的注意力，让我们忽视了那些重要信息。一个很厉害的例子就是大卫·科波菲尔对自由女神像所使用的魔术手法。他让自由女神像在现场观众和几百万电视观众面前消失了。很显然，自由女神像实际上并没有消失，那么科波菲尔是怎样在观众面前让它消失的呢？雕像并没有被移走，被转移的是观众。

上网查一下你就会发现，现场观众或任何在家观看魔术的人都不知道，现场观众站在一个正在旋转着的平台上。从平台上看，观众可以看到雕像立在平台的两根柱子之间。魔术开始时，柱子之间挂了一个大幕布，遮住了自由女神像。随着悬念的增加，整个平台，包括现场观众、被幕布遮盖的柱子和电视摄像机，都在旋转着，但是速度很慢，以至于平台上的人都没有感觉到转动。此外，这个魔术是在夜幕降临后拍摄的，地点是一个除了雕像以外没有任何标志性视觉识别物的地方。平台一直旋转到了无法在两个柱子之间看到雕像的位置，这时候幕布拉开，可想而知观众震惊了。再加上灯光和表演技巧，自由女神像就这样“消失了”。然后，幕布再次遮盖住了两根柱子，平台又旋转回原来的位置，然后自由女神像又“重现”了。

当一名技巧娴熟的魔术师让某物出现或者消失时，他实际上是在利用我们的大脑短时间内将注意力放在其他信息上的空当。例如，大多数纸牌魔术都依赖于魔术师的灵巧手法，并使用各种动作来转移观众的注意力，这样观众就不会觉察到魔术究竟是怎样发生的。魔术师掌握了这样一种技巧，可以用他们的目光、手的动作、助手的动作、响亮的声音或者闪烁的灯光来转移你的注意力。魔术师反复练习，直到他们的动作天衣无缝，而观众仍然专注于魔术师正在为他们描述的各种任务。

一个常见的魔术表演就是在不让你觉察的情况下拿走你的手表。著名魔术师贾森·兰德尔（Jason Randal）在 15 分钟之内 5 次成功地偷走了美国前副总统丹·奎尔（Dan Quayle）的手表。兰德尔是一位善用误导术的大师，所以很多决策课程都会以他为案例。想象一下，奎尔的手表是怎样被偷走的。当魔术师在表演一个戏法的时候，他们通常会用另一个戏法来做掩护。手表的主人专注于魔术师正在表演的掩护戏法，根本不会注意到自己的手表。表演掩护戏法的时候，魔术师会握住手表主人的手腕，在这个时候他会解开表带。最后，他紧抓住这个人的手腕，这样当手表从手上滑落时，手腕上的奇怪感觉就不会让他注意到已丢失的手表。故意抓住观众的手腕，然后用力地上下抖动，是这个魔术的必要组成部分。在这些动作吸引了观众的注意力的同时，观众就不会感到手表从手腕上滑落的细微动作。

在与许多魔术师谈论过他们的作品之后，我仍然对他们的娴熟技巧惊叹不已，而更让我惊奇的是，他们说每一个魔术都重复着相同的核心元素。一旦你打消了魔法真实存在的念头，逻辑思维就会让你知道只有很少的方法可以达成误导，而事实也是这样。因此，魔术师非常善于觉察其他魔术师隐藏在背后的表演手法，即使他们以前从未见过这种魔术。虽然并不是所有人都能够成为天赋异禀的魔术师，但是我们有可能学会觉察到魔术中误导方法的核心技巧。就像我们将会看到的那样，这一点在现实世界中同样有用武之地。

通过刻意误导来让你看到他们想让你看到的事情，而无视其他事物，这一点并不是只有魔术师才能够做到，只是魔术的娱乐效果更强。魔术师可能是全世界最擅长刻意误导的人。要让魔术手法获得成功，魔术师需要在大部分时间里骗过所有人。但是，许多其他领域的专业人士仅仅通过误导大多数人，就能够在他们的工作中取得成功。

在历史上，许多成功的魔术师也是技巧娴熟的纸牌老千，这并不是巧合。魔术师和老千掌握了大量的技巧，通过转移注意力的方法来让你觉察不到他们操纵特定纸牌的位置。他们能够在不改变纸牌位置的情况下洗牌，还能够在拿起两张牌时看上去似乎只拿了一张。他们会在纸牌上做标记，然后再神奇地找到这张牌。

就像魔术师成为纸牌老千只差一步那样，从骗子变为窃贼也很容易。与纸牌老千一样，窃贼也擅于转移注意力，他们会利用各种方法转移你有限的注意力，而其共犯则会利用这个空当窃取你的钱包或其他贵重物品。窃贼可能会在人群中制造混乱，而他的搭档则会趁乱窃取你的物品。有的窃贼甚至会假装在街头表演，而让他们的同伙在演出进入高潮时偷你的东西。

当然，我并不是要把诚实的魔术师和窃贼混为一谈。前者是在娱乐观众，而后者却是在触犯法律。这种用以维持生计的误导方法并非魔术师和骗子所独有。在本章，我将着眼于那些试图阻止你觉察到重要信息的人。比方说，成功的营销人员和政客就很善于误导，他们的工作就是靠它来进行的。还有一系列常见的商业活动，包括谈判和团队协作，也都包含误导技巧。可以肯定地讲，在大多数人觉察到误导行为之前，这些人将会一直存有误导他人的动机。

购物中的营销误导

让我们来谈谈购物吧。已经有太多的文章讨论过消费者和其他决策者是如何做出明智选择的。[1] 许多专家都曾准确地描绘出 5 步骤、6 步骤和 8 步骤模型，但是所有模型的内容其实大同小异。这些模型的精髓可以用一段话来总结：

> 最重要的是确定你的目标，这要求你明白自己所期望达到的评价标准。举例来讲，你想要这样一辆车：省油，能够载着一家四口外出度假，还能给邻居留下深刻的印象。或者可能你并不在意成本、家人的舒适感或者你邻居的想法。无论你的偏好是什么，你都应该对每一项指标做出权衡。一旦明确了目标，你就去看销售的车型，并根据你的标准逐个做出评估。

虽然我们大多数人在做出每一项重大购买决策的时候，并不一定会完全遵循这一过程，但在做出一个类似决策时总是基本遵循着这一逻辑。

现在，让我们转换一下立场。设想一下，你想让人们购买你公司销售的产品。但是，很不幸的是，你也知道对大多数潜在客户来说，你的产品并不是理想选择。你的产品还不错，但是竞争对手的产品在若干方面都完胜你公司的产品。如果购买者遵循一个符合逻辑的决策过程，他们将会购买竞争对手的产品。这种情况下，你能够做什么呢？刻意误导！

看一下近年来流行的一个广告手法：一家公司开发了一个图表，它能从多个维度将自己的产品与竞争对手的产品进行比较。这种做法没有把决策模型留给消费者来完成，而是由厂商为他们代劳了。生活黑客网站（www.lifehacker.com）的一名博主亚当·帕什（Adam Pash）认为，微软用图表（表5-1）将微软的IE浏览器与竞争对手火狐浏览器和谷歌浏览器进行的比较，就存在误导用户的嫌疑。[2]

在该图表中你能看到，微软产品的表现要优于竞争对手，至少在微软选择的维度上是如此。但是，根据帕什的说法，该公司并没有采用大多数人在购买浏览器时最看重的评价指标。事实上，帕什认为微软的图表就是一个荒谬的误导性宣传，旨在重新赢回那些已经放弃使用IE浏览器的用户。他非常具体地指出，微软选择的6个维度的重要性值得怀疑，微软对每一个维度的评价都是服务于自身的，但是重要的评价指标，例如运行速度却被完全忽略了。

微软的图表类似于营销人员使用的诸多其他图表，都只是将我们的注意力转移到他们产品中最好的那一面。这种做法之所以普遍，是因为它确实有效。这类图表被设计得看似合乎逻辑，在面对面的直接比较中，一种产品（广告主的产品）就明显成了赢家。为了得出这些结论，营销人员需要误导你偏离符合逻辑的决策过程，否则你将会选择竞争对手的产品。就像魔术师和窃贼，他们有意让你的大脑在决策过程中“短路”，最终控制你所关注的要素。

这些图表效果非常明显，因为很少有人会停下来思考这些要素是否是我所关心的。

表 5-1　　浏览器测评表

	IE 8 浏览器	火狐浏览器	谷歌浏览器	测评结果
安全性	√			IE 8 浏览器可以轻松应对网络钓鱼式攻击，保护电脑免受恶意侵害，同时还能预防各种威胁
隐私性	√			InPrivate 浏览与过滤功能能够让 IE 8 浏览器保护用户隐私
便捷性	√			“加速器”“网页快讯”“视频搜索建议”等功能能够让 IE 8 浏览器使用起来更便捷
WEB 标准	√	√	√	3 款浏览器表现旗鼓相当。与其他两款浏览器相比，IE 8 浏览器通过了更多的 CSS 2.1 测试。但是，火狐 3 浏览器对未来标准的支持性更强
开发工具	√			IE 8 浏览器在此方面胜出。无须安装其他工具，而且还提供 JavaScript 效果分析功能
可靠性	√			仅有 IE 8 浏览器同时提供“选项卡历程断绝”和“故障修复”功能。其他两款浏览器仅提供两项功能中的某一项

当然，比较图表只是众多营销误导方法之一。2008 年金融危机中更有趣的一件事就是，高盛集团在出售抵押贷款证券的同时，又对这些崩盘中的证券进行大规模投资；也就是说，它这是在“做空”这些证券。2007 年，高盛集团看空房地产市场，做出巨额的赌博性投资行为。当然，对一个定价过高的投资品进行赌博性投资本身并没有什么错。但当做空时，总是会有某种

诱惑促使你通过扭曲市场以提高赌注价值，并谋取更多收益。美国参议院常设调查小组委员会在关于金融市场崩溃的报告中就对高盛的这一行为进行了指控。[3]

怎样才能找到投资交易中的对手盘？高盛集团的解决方案就是以自己的声誉作为担保，设计出新的证券产品，然后根据这些证券对客户的价值做出一系列误导性说明。例如，2006 年高盛设计出了哈德逊夹层基金（Hudson Mezzanine Fund），这是一个价值 20 亿美元的担保债务凭证。该公司的营销资料显示："高盛已经将哈德逊夹层基金纳入了公司的激励系统。"为了在表面上确保它没有问题，高盛还对这一金融工具进行了小规模的投资。但是，就如委员会所指控的那样，这项投资的真正目的是误导市场：高盛想要隐瞒这样一个事实，即它其实是在抛空这一基金。从本质上来讲，高盛通过小规模投资误导了它的客户，进而创造出了对手盘。高盛的 CEO 劳埃德 · C. 贝兰克梵（Lloyd C. Blankfein）声称，高盛只是为这些证券和投资衍生品创造了一个市场，匹配那些愿意投资而又精通业务的买卖双方的需求。参议院的小组委员会的调查却显示：高盛积极地创造这个市场，这一做法本身的目的就是让其客户做对手盘。[4]

你的问题被有意回避

2012 年 8 月 25 日，英国驻美国大使彼得 · 韦斯特马科特爵士（Sir Peter Westmacott）受邀参加美国国家公共广播电台的一档节目《等一等，可别告诉我》（*Wait, Wait, Don't Tell Me*）。节目主持人彼得 · 萨加尔（Peter Sagal）向韦斯特马科特提了几个棘手问题，要求他展示一下一名娴熟的外交官会如何回应这些问题。

萨加尔：请问您是否介意读一下我首部小说的草稿？

韦斯特马科特：非常高兴。能够读到您小说的首稿，真是一件荣幸之至的事情。但是您不希望我在您的首稿上写下任何批注，对吗？

萨加尔：是的。但是，现在假设您已经读完了这本小说的首稿。

韦斯特马科特：好的。

萨加尔：假设它惨不忍睹。

韦斯特马科特：好的。

萨加尔：然后我问"您认为它怎么样"，跟我说实话。

韦斯特马科特：我特别喜欢这部分内容，在加勒比海充满异域风情的小岛上，人们在小屋后面谈论各种有趣的事情，还玩着各种游戏。

萨加尔：但是，其他部分呢，比如说，这帮伙计抢劫了加油站，然后他们似乎马上要完蛋，直到外星人来？你喜欢那部分内容吗？

韦斯特马科特：你知道，比起我刚刚提到的内容，那部分内容对我不太有吸引力。

就像韦斯特马科特所展示的那样，政客是误导高手。大使不仅避免了做出可能会冒犯别人的回答，还使人觉得他好像是在回答所提出的问题。

韦斯特马科特为我们提供了社交场合常见的那种答案，在这些场合最重要的目的就是避免冒犯对方。在其他事件中，政客们具有另一个目标：避免说出可能损害自己的话。让我们以 2012 年共和党初选辩论中的一场辩论为例，美国有限电视新闻网的记者约翰·金（John King）向 4 位总统候选人发问："目前这场公开辩论中，公众对你最大的误解是什么？"以下是米特·罗姆尼（Mitt Romney）州长和金之间的问答：

罗姆尼：我们一定要恢复美国的以下承诺，在这个国家，通过辛勤工作和接受教育，人们将会安全而富有，他们的孩子将会拥有比他们更光明灿烂的未来。为了实现这一目标，我们需要在华盛顿特区进行强有力的变革，我们需要创造新的工作机会、降低债务水平并缩减政府支出规模。我是在本次竞选中唯一一个……

金：公众对你有误解呢？我所提的问题是误解。

罗姆尼：你知道，你提出你想问的问题，我给出我想给的答案。这样是不是够公平？而且我认为还有一个大的问题就是，总统需要具备什么样的才能。

罗姆尼从没有给出金想要的答案。首先他试图回避问题，其次回避了他正在回避问题这一事实。约翰·肯尼迪和林登·约翰逊执政期间，时任美国国防部长的罗伯特·麦克纳马拉（Robert McNamara）曾说过这样的名言："不要回答别人问你的问题，而是回答你希望别人问你的问题。"无论罗姆尼是否知道这句话，他都是遵循这句话做的。

当然，笨拙的回避更容易被发现。我们来看芝加哥洛约拉大学（Loyola University Chicago）哲学教授 J. D. 特劳特（J. D. Trout）所讲述的一个故事：

> 俄克拉何马州参议员汤姆·科伯恩（Tom Coburn）一边买进 2.5 万美元的美国昂飞公司（Affymetrix）的债券，一边参与有利于该公司的联邦法律事务。[5] 参议员科伯恩涉及的法律事务可以让他从交易中获得巨额收益。科伯恩的公关专员约翰·哈特（John Hart）声称："没有证据显示科伯恩博士在其经纪人购买股票之前曾经听说过昂飞公司，也没有证据显示他的行为影响了该公司的股票价值……就算是两者之间有联系，也是这家公司受到了损失，它的股票价值缩水了一半。"特劳特说明，最后一点已经很明确地证明科伯恩自己也亏了钱。然而，科伯恩及时地卖出了债券并获得了 35% 的收益。哈特对实际问题的回避使人们得出了错误的结论，也使得科伯恩没有受到实际证据的影响，无须做出不真实的陈述。

许多人会回避问题，包括辩论中的政客、新闻发布会中的 CEO、面对老板提出的棘手问题的雇员以及隐瞒信息的配偶。[6]我的同事托德·罗杰斯（Todd Rogers）和迈克·诺顿（Mike Norton）写过一篇名为《狡猾的回避者》（*The Artful Dodger*）的精彩文章，名称取自查尔斯·狄更斯在《雾都孤儿》中的角色，这个人在行窃的时候用友好的对话来分散受害者的注意力。[7]通过使人处于松懈状态，狡猾的回避者很容易行窃。狡猾的回避者可以用一个几近真实的答案流利地回答问题：参议员的行为是合乎道德的，因为股票贬值了。相反，拙劣的回避者会以一种明显突兀的方式笨拙地回答问题：一位总统候选人反复谈到谁应该赢得选举，而不去回答对他的误解是什么。在前文中，我们引用了巴里·邦兹在回答问题时所给出的答案，他的回避太过拙劣，结果被指控犯有妨碍司法公正罪。

诺顿和罗杰斯的研究包含了回避者可以提高的技巧，同时也包含了如何拆穿所有回避者阴谋的告诫。正如上文所提到的，当金将观众的注意力重新引向罗姆尼的时候，对问题的回避就变得越发明显。实际上，对于政治辩论中回避问题这件事情，一个简单的解决办法就是在转播的时候把原本提出的问题一直保留在屏幕上。这一简单的做法会让观众更容易觉察到是否有误导行为。基于罗杰斯和诺顿的研究成果，将政治辩论中的问题保留在屏幕上现在已经成了美国有限电视新闻网的标准做法，其他电视台也在做出这一改变。

澄清问题，避免在谈判中被误导

暂且把魔术师、窃贼和政客这些话题放在一边，看一下我亲身经历的一个事例。我最近有个新企业客户参加了一场重要的谈判，是关于允许另一家公司使用其相关知识产权的。两家公司的 CEO 就合同条款达成了一份口头协议。知识产权协议通常都很复杂，而且律师需要在正式合同中对双方同意的问题做出详尽的约定。

就在草拟书面合同的时候，对方当事人坚持要求对于我客户方知识产权的使用范围要比合同指定的范围更大。我的客户完全不清楚对方公司为何坚持要扩大知识产权的使用范围，感觉这个要求非常模糊不清。但是就这笔价值一亿多美元的合同，该公司一直在吊我客户的胃口，坚持扩大知识产权使用范围，并暗示目前还不能清楚地确定公司的未来需求。乍看之下，这似乎是一个附加要求，对双方协议中的核心目标来说是无关紧要的。

随着谈判进程的推进，对方谈判团队中的一名谈判人员无意中将一封内部电子邮件抄送给了我客户公司的 CEO。邮件显示，对方公司已经侵犯了我客户方的知识产权，而且其侵权行为已经触犯了法律。我客户方现在才理解其在更广范围内使用知识产权的奇怪要求，这其实是在刻意误导我客户方。该公司试图通过谈判达成一项关于难以确定未来知识产权使用范围的协议，从而掩盖其过去的错误行径。经由一封被错误发送的电子邮件，误导行为才浮出水面，这完全是没有必要的。当谈判中的另一方当事人提出一个对你来说没有意义的要求时，不要认为他们的行为不合理。相反，停下来问问你自己，有什么事情你可能不知道但可以用来解释他们的行为的事，即他们是否可能在试图误导你。

让我们来看一下由迪帕克·马尔霍特拉（Deepak Malhotra）所写的名为《汉密尔顿房地产》（*Hamilton Real Estate*）的模拟谈判案例。他是我在哈佛商学院的同事，与我合作撰写了《哈佛经典谈判术》（*Negotiation Genius*）[①]一书。它讲述了一大块土地的卖家与一名潜在买家之间的故事。这块土地现在被划定为住宅用地，卖家认为未来应该也是如此。但是，买家知道土地划分相关法律将要发生变化，这片土地可能会允许商业开发，这样的话就会有很大的增值空间。

① 本书中文简体字版已由湛庐文化策划，浙江人民出版社出版。——编者注

我之前提到的同事托德·罗杰斯和迈克·诺顿，他们与弗朗西丝卡·吉诺（Francesca Gino）、莫里斯·施魏策尔（Maurice Schweitzer）和理查德·泽克豪泽一同做了研究：如果这一模拟谈判中的买家接受过回避问题方面的训练，会出现什么情况？[8] 所有卖家接到指示，向他们的潜在买家提出这个问题："你会将这块土地用于商业开发吗？""回避问题"组的买家得到明确指示，知道如何来回避卖家的问题。例如，可以回答"你也知道，我们之前只做过住宅开发"。与此相反的是，处于"实话实说"组的参与者以直接、不撒谎的方式来给出一个准确的答案。经过回避问题训练的买家购买这块土地所支付的价格，要远远低于诚实而直率的买家。回避问题的买家获得的收益增加了近 1/3，而且回避者是在没有撒谎的情况下做到了这一点。你可以判断一下他们是否存在欺诈行为。

我最喜欢的一个有关误导行为的模拟谈判跟一个电视垄断有关，是关于电视节目播映权的谈判。谈判要求双方就价格、融资和节目播放频次等方面达成协议。学生有准备谈判的时间，很多学生会设计谈判议程，例如先谈价格，然后是支付条款、使用频率和合同执行事宜。

做事情有条理是一件好事，我们都参加过由于缺乏议程而让人抓狂的会议。然而，在谈判过程中，议程有可能会产生误导。特别是逐个事项轮流讨论的议程会阻碍人们在所有事项中找到明智的交易条件。

在过去几十年中，谈判是一个热门话题，现在它也是管理学院里最受欢迎的课程之一。学生学到了诸多简单而又重要的洞见，其中之一就是在复杂的谈判过程中，利益的分配模式是不确定的。如果他们为所涉及的事项赋予了不同价值，那么双方就可以通过"互投赞成票"来获得收益，即一方可以通过赞成某一事项而换得对方对另一事项的支持。学生要学会避免每次就一个事项来进行谈判，而是要同时讨论多个事项，由此可以发现双方各自关心的事项是什么。在商务谈判中，这些事项可能包括如下内容：

- 履约保证；
- 合同执行时间；
- 支付条件；
- 质量；
- 合同有效期；
- 排他性条款；
- 服务支持水平；
- 许多其他条款。

逐个事项讨论的议程会分散谈判者的注意力，使他们无法专注于找到最佳交易条件的整体讨论框架，从而给谈判双方造成误导。议程也导致我们无法发现那些不在讨论范围之内的其他重要事项。让我们再次回到有关电视台的模拟谈判，4 个事项逐一讨论的议程会导致双方过于狭隘地专注于当前的谈判，以致他们没有注意到，对买方来说，卖方提供的另外一个电视节目更有价值。拓展谈判范围能够为双方带来额外的价值。

避免在谈判中被误导的最佳方法就是换位思考。这种做法很少被付诸实施，当与没有将我们的最大利益纳入考虑范围的人互动时，换位思考就更加重要了。

除换位思考之外，还有一些思维训练方法可以避免对方的刻意误导。**你也可以通过澄清问题来避免误导**。你是否曾经因为对方没有按照你理解的方式执行协议而感到沮丧？对于那些想通过模棱两可的说辞来进行欺骗的谈判者来说，澄清问题可以成为你的防御手段。

我用课堂上的谈判教学来说明这一点。在模拟谈判结束之后，参与者将他们达成的协议写在黑板上。结果经常出乎意料，在一方写完谈判结果之后，另一方会争辩说那不是他们同意的条款。他们刚刚在 15 分钟之前达成协议，为什么会发生这种事情，而且还是经常发生？我的经验是达成口头协议的双方没有注意到他们的协议是模棱两可的。在现实世界里，谈判者经常通过握手以示他们已经达成了一项协议，之后他们的律师会马上草拟出合同。然而，双方向各自律师说出的经常是不同的协议条款。当双方律师试图草拟合同的时候，有关合同的其他障碍性问题开始显现，谈判双方会惊讶地发现他们对于协议的理解并不相同。解决这个问题的方法非常明确，在谈判中达成协议之后，要对协议的细节进行确认，而不是对含糊不清的条款做出推论。有时候，模棱两可就是为了欺骗对方。

确保信息共享，避免误导团队

在前文中，我讨论过“挑战者”号航天飞机发射前夜的那一次酿成灾难的集体会议。就像各位回想的那样，当决定在第二天发射航天飞机的时候，即使是那些聪明人也只看到了眼前的重要信息。他们因为专注于分析眼前的信息，因为受到误导，所以无法提出重要的问题：要做出一个明智的决策，究竟需要什么样的信息？这种误导行为在团队中很常见，创建团队的主要目的就是为了避免误导，而事实正好与此形成了巨大的反差。

组织经常建立跨部门团队，目的就是碰撞出不同角度的观点。这些团队往往能够接触到他们所需的信息，从而做出最佳决策。遗憾的是，团队成员经常无法与其他成员分享那些本该分享的数据，而这些独有的信息可能正是对跨部门团队最重要的贡献。为什么会这样？这是因为团队成员往往比较关注那些已分享的所有成员都知道的信息，而那些未分享、只有少数甚至个别成员了解的独特信息往往被忽略了。[9]

在有关这一话题的一项早期研究中，加罗德·斯塔瑟（Garold Stasser）

和威廉·泰特斯（William Titus）要求大学生从 3 位候选人（假定是 3 位）中选出学生会主席。在第一个模拟版本中，决策者能接触到所有候选人的信息，此时 67% 的个人和 83% 的团队更喜欢候选人 A，而不是候选人 B 和 C。[10]

在第二个模拟版本中，候选人的某些信息仍然是全体团队成员共享，但还有部分信息不共享并仅有一位团队成员知道。这一设置反映了真实世界中大多数工作团队在信息分享方面的典型特征。在这种情况下，只有一位团队成员拥有候选人 A 的正面信息。这样，在彼此展开交流互动之前，绝大多数团队成员都没有充足的理由来支持候选人 A。在信息不共享的团队成员中，候选人 A 的支持率仅有 23%，这一点也不奇怪。更有意思的是，接下来把成员分为 3 人一组做出小组决策，各组都可以获得公开分享的信息，但有些特定信息只在少数成员之间传递。在这次投票的时候，在未获得共享信息的团队中，候选人 A 的支持率仅有 18%。通过大量的研究，斯塔瑟和泰特斯已经证实团队对共享信息的讨论度要远甚于未共享的信息。这很像一个悖论，因为团队的组建就是为了汇集信息，但是团队对其所拥有的独特信息或未共享的信息表现出的始终是有限的认知。

在我之前已经讨论过的关于团队和信息共享的研究中，所有团队成员具有做出最佳决策的共同目标。与此相反的是，在现实环境中，并不是所有团队成员都具有相同的目标。有时候，团队中具有不同利益诉求的人会发生冲突，原因通常是政治方面的。也有一些团队成员可能刻意不让其他成员注意到某些信息。在这种情况下，要当心那些刻意误导行为。一个经过精心设计的议程可能并没有将重要信息纳入其中。一个创意十足的 PPT 演示文稿可能让你忘记提出这样的问题：“这个团队要做出最佳决策，究竟需要什么样的信息？”然而，不论是政治团体还是非政治团体，你的目标就是去思考这个问题。而且，在带领团队的时候，你的任务就是要确保团队始终关注其使命，以及团队成员要服务于团队的实际需要。

就如我之前所讨论的那样，我们知道如何做出一项符合逻辑的决策：确定目标、识别需要达到的多个评估标准、衡量评估标准、识别选择方案，以及分析最佳选项。当然，这个逻辑过程会有很多变化。那些想要误导我们的人不想让我们具有如此强的逻辑性。他们想操控我们的思想，让我们按照他们的想法行事。如果你开始偏离逻辑，另一个人也参与其中，无论他是一名谈判者、营销人员还是政客，这就到了换位思考的时候，要理解对方的动机并做出相应的调整。无论何时，当我们面对那些没有将我们的最大利益纳入考虑范围之内的人时，我们需要越过他们提供的那些信息，思考他们试图想让我们做什么，而我们又该如何得到那些实际需要的信息。当我们的目标变得清晰且容易觉察时，就能够避开魔术师和其他人借用技巧所做出的误导行为。

THE POWER OF NOT!C!NG

本章小结

1. 当谈判中的另一方当事人提出一个对你来说没有意义的要求时，你需要停下来问问自己，他们是否可能在试图误导你。
2. 避免在谈判中被误导的最佳方法就是换位思考。
3. 如何做出明智、谨慎的选择：确定目标、识别需要达到的多个评估标准、衡量评估标准、识别选择方案，以及分析最佳选项。
4. 当面对那些没有将我们的最大利益纳入考虑范围之内的人时，我们需要越过他们提供的那些信息，思考他们试图想让我们做什么，而我们又该如何得到那些实际需要的信息。

THE POWER OF NOT!C!NG

06

滑坡效应，
未注意到逐渐发生的变化

模拟训练

假如你是一家公司的高管，这家公司近些年一直拥有良好的业绩，但是你意识到最近公司可能无法达成某个目标，你会怎么做？你会诚实地汇报这一状况，还是通过某种财务操纵来达成目标，因为你相信下个月的业绩可以把这次的补上去？

在变成一个骗子之前，伯纳德·麦道夫是一名投资顾问。但是长期以来，他不是用其客户的资金进行投资，而是将一部分客户的资金支付给另一部分客户，即他创造了一个庞氏骗局，并将资金取出用于自己和家人的开销。麦道夫的诈骗之路很有意思。一开始，他是在一些交易中亏损，但是额度相对较小，因此需要一些额外的现金来弥补损失。由于他确信在接下来的时间里能够挽回损失，所以他在财务报告中谎报了实际的投资业绩。如果随后的投资效益好，麦道夫可能就能回归一种诚实守信的生活状态。但是随后的投资收益让他失望，所以他把欺诈行为升级到了一个前所未有的水平。

麦道夫的大规模欺诈行为受到了媒体的高度关注，但是有两个事实并没有得到充分的评价：第一，由于麦道夫的不道德行为以缓慢的速度逐渐累积，所以一大批精明的人没有觉察到他的欺诈行为；第二，这种不道德行为是逐渐升级的，人们往往觉察不到，这就使欺诈变得更加常见。

事实证明，财务违规事件，包括不正当交易和安然公司丑闻，通常都是以缓慢的速度逐渐累积，最终酿成大错。每个人很可能都熟悉这种模式，即使这跟我们绝大多数人没有关系。通常，大错的造成往往始于最开始不起眼的小错，为了掩饰相对较小的错误而犯下一个更严重的错误。接着我们的掩饰行为逐渐升级，这一切都是为了给一开始的小混乱提供正当理由。让我们思考一下财务会计领域的热门话题——盈余管理（earnings management），美国证券交易监督委员会前主席阿瑟·莱维特（Arthur Levitt）将其定义为“反映管理层的愿望，而不是公司真实财务业绩的活动”。[1]从根本上来讲，有些高管并没有准确记录公司的实际财务状况，而是汇报能够保证他们根据短期目标而获得奖金的财务状况；或者根据虚假的财务信息操纵股价、买卖公司股票。曾犯过盈余管理不当错误的公司包括通用电气、新光（Sunbeam）、胜腾（Cendant）、泰科（Tyco）、朗讯（Lucent）以及因丑闻而为人熟知的安然。在这些盈余管理操纵丑闻中，五大会计师事务所（现在为四大，安达信在安然破产案中倒闭）都可以说是同谋。

怎么会有如此多的组织做出这种不道德的行为？会计师事务所受到社会大众的信任，对这些公司开展审计时怎么会没有觉察到不道德行为呢？部分原因是不道德行为是以缓慢的速度逐渐累积的。

近期的大量研究表明，人类具有判断偏差，这解释了类似的错误以及未能觉察到这些错误的情况。在本章，我首先说明“滑坡”（slippery slope）的概念，然后讨论盈余管理的问题。接下来，我会解释为什么过度自信通常会导致不正当行为，并探讨高管升级他们对以前行为的承诺的倾向。最后，我会阐述如何消除判断偏差所带来的不良影响，以及如何避免觉察不到初始错误并让错误逐渐升级的习惯。

大错都是从小错开始的

我们经常觉察不到在眼前逐渐发生的各种变化。[2]丹尼尔·J. 西蒙斯和克里斯·F. 查布利斯曾制作了“大猩猩从一群正在传球的运动员中间穿过”的视频来证明这一观点。他们和同事还做了一个“拦住行人问路”的实验。[3]在行人做出回答的时候，两名工作人员抬着一扇可以挡住脸部的大门从实验者和行人中间走过。在他们通过的时候，问路的实验者溜到了门后面，取而代之的是其中一个拿着门的人，这个人长得和实验者完全不一样。而这名行人，可能并没有意识到他正在同完全不同的另一个人讲话，还继续完成了指路的任务。

之后，实验者向未觉察到这些变化的行人询问，刚刚在谈话的时候他们是否觉察到了变化。大约有一半的行人没有觉察到任何变化。这只是丹尼尔·J. 西蒙斯、克里斯·F. 查布利斯及其同事众多实验中的一个，这些实验显示我们经常觉察不到现实世界中那些明显的变化。

我们怎么能够如此盲视？我们又是如何一次又一次地对变化视而不见？

有关变化盲视（change blindness）的研究表明，我们觉察不到环境中的重要信息的程度确实非常惊人。遗憾的是，我们所忽视的某些信息并不是无关紧要的，而是至关重要的。这种未能觉察到重要信息的事情并不仅仅发生在眼睛可以看到的物理变化上，还发生在其他方面，比如经济状况的变化、失业率的变化、医疗状况的变化，等等。即便是那些在社会中被赋予责任，应该觉察到重要信息的人也经常无法做到。丹尼尔·J. 西蒙斯和克里斯·F. 查布利斯的研究给我们带来一个重要的启示：当事物在逐渐发生变化的时候，我们很难觉察得到。换句话讲，我们对于那些以缓慢速度逐渐累积起来的不道德行为尤其盲视。

2009 年，我和同事弗朗西丝卡·吉诺做了一系列实验，研究当他人的不道德行为是缓慢发生而不是突然发生时，人们是否更容易接受这种行为。我们的研究动机基于一项假设：安达信会计师事务所的审计人员之所以没有觉察到安然公司的腐败行为，是因为这件事是慢慢发生的。在这些研究中，一部分参与者要扮演“审查者”，负责监督并纠正其他参与者所扮演的“评估对象”的作弊行为。

我们要求评估对象估算玻璃罐中硬币的总值。每一次估算完成之后，审查者都需要决定是否批准这一估算。所有的玻璃罐中都有 10 美元左右的硬币。只要评估对象能够获得审查者的批准，我们就会根据估值的高低程度对他们进行经济上的奖励，也就是给予他们做出过高估算的动机。

如果审查者批准特定的估算，也会按照估算金额的特定百分比获得奖励。然而，审查者会得到警告，如果他们批准了一个十分离谱的估算值，并且被“超级审计”随机抽查到，就会面临严厉的惩罚。这一过程会在 16 轮实验中不断重复。

我们的研究关注的是审查者的行为而不是评估对象的行为。我们尤其感兴趣的是，审查者对于我们安排的两种完全不同的估算方法会有什么反应。[4]属于“突然做出改变”的那组评估对象在前 10 轮中做出了非常合理的估算，但从第 11 轮开始他们突然做出了大幅度的高估（大约 14 美元）。与此相反的是，属于“缓慢做出改变”的那组评估对象以 10 美元的正确数额开始，然后以每次增加 40 美分的数额慢慢地累计。从第 11 到第 16 个罐子，两个组的审查者接收到的估算值完全相同，唯一的不同就是评估对象是突然出错还是缓慢累计犯错的。结果证实，当评估对象的行为是随着时间的推移逐步改变而不是突然改变时，审查者拒绝估算值的可能性要小很多。我与弗朗西丝卡将这种现象称为“滑坡效应”。

我们的数据和“温水煮青蛙”的故事如出一辙。这个故事讲的是，如果你把一只青蛙放在一锅热水中，青蛙就会跳出来；但是如果你把这只青蛙放在一锅温水中然后慢慢升温，这只青蛙就不会注意到温度变化，最后被煮熟。就像那只虚构出来的青蛙，许多人未能觉察到不道德行为的标准在逐渐发生缓慢的变化。我们认为，这个滑坡效应可以解释为什么监管者、董事会、审计人员以及第三方当事人未能觉察到那些人的不道德行为，尽管这些人都负有监督之责。

要继续讨论盈余管理的问题还需要一些监管方面的背景信息，因此请允许我做一些解释。美国证券交易监督委员会负有保护投资者的责任，它要求企业必须准确如实地汇报财务状况，它还致力于为有效市场创造良好的环境。美国证券交易监督委员会还有权力和责任对那些违反法律的组织和个人进行指控。在监管盈余操纵行为方面，美国证券交易监督委员会的执法依据是《会计和审计法规实施公告》（*Accounting and Auditing Enforcement Releases*）。许多人辩称，盈余操纵通常并不是蓄意欺诈的结果，而是因为动机性盲视和过度自信，从而对会计法则进行了一系列激进性阐释（当初，安达信的戴维·B. 邓肯承认安然公司的会计作业处于可接受做法的“边缘地带”）。结果通常是那些先前被认为是诚实守信的人却做出了欺诈行为，而且他们可能起初并没有认识到行为的严重性。[5]

凯瑟琳·施兰德（Catherine Schrand）和萨拉·泽克曼（Sarah Zechman）通过研究证明，大量盈余管理问题都始于一名过度自信，并“开始滑向欺诈的深渊”的高管。[6]他们的研究从一个常见的假设开始：一家公司在近些年一直拥有良好的业绩，但是高管意识到最近公司可能无法达到某个标准。这名高管可能会诚实地汇报这一状况，也可能会做出一些“激进性”的会计操纵行为来达到标准。在他看来，操纵行为可能并不严重，甚至具有正当理由，虽然这违反了既定的会计原则。他为自己的行为辩解，如果选择激进战略来管理盈余可以得到理想的结果，他在下一个时期就会中止会计操纵行为。可能他并没有考虑到，如果未来不能取得足够好的业绩，他要么需要承认先前的会计操纵行为，要么进行更多甚至更恶劣的盈余操纵，这样才能既达到期望，又掩盖他过去的操纵行为。假设公司业绩持续恶化，并且他也进行了进一步的盈余管理，这一模式可能会一直持续下去，直到盈余管理变成一种恶劣、违法的行为。

为了探究这一假设是否正确，施兰德和泽克曼研究了 1996—2003 年期间违反《会计和审计法规实施公告》相关规定的公司，受到制裁的公司有 49 家，包括泰科、安然和南方保健等。

这些公司分为两种类型。研究者发现，其中有大约 1/4 的公司是基于个人私利而蓄意进行欺诈，例如虚构公司收入和隐瞒债务等。更有意思的是，另外 3/4 的欺诈行为都始于高管的盲目乐观或过度自信，当他们的乐观无法实现时，欺诈行为就会发生。在这两种类型的欺诈行为中，盈余管理的调整都始于对业绩表现不佳时期的良好期待。在大多数案例中，有证据表明涉案高管都计划在下一时期纠正这种操纵行为。但是，当公司的不良业绩并没有得到改善时，这些高管的谎报业绩行为就会逐渐升级。由于盈余管理越发激进，谎报业绩的行为最终成为美国证券交易监督委员会制裁的证据。这一模式通常发生在公司审计人员甚至董事会还没有觉察到的时候。

过度自信会导致决策偏差

就如施兰德和泽克曼所指出的那样，不道德行为模式的形成通常始于一名过度自信的高管。然而，大量的研究表明绝大多数高管和领导者往往对他们的判断过于自信。

如果各位想要更多的证据，那么我可以以我的课堂教学为例。我经常让高管学员做下面的小测验，我在 2012 年设计了这个测验。[7] 请拿出一张纸并且写下你的答案。

> 以下条目代表 10 个不确定的数值。不要查询有关这些条目的任何信息，写下你对每个条目的最佳预估数值。然后，给你的预估数值设定一个浮动范围，你要有 98% 的把握认为你的预估数值接近实际数值。请回答每一题，即使你确实不知道这些数值，也

要做出回答。

1. 2011 年所有网站的数量。
2. 2012 年 6 月中国牛肉平均每公斤的价格（用美元表示）。
3. 2012 年 1 月荷兰的城市数量。
4. 2012 年欧洲的电子邮件用户占全球的百分比。
5. 2011 年挪威的图书馆借书数量。
6. 2012 年加拿大人口中 65 岁以上人口所占比重。
7. 2010 年到过美国的非美国公民数量。
8. 2010 年感染艾滋病病毒的预计人数。
9. 2011 年企业用户平均每天的电子邮件收发数量。
10. 2011 年德国的通货膨胀率。

如果你参加了测验，请你务必给出 98% 的置信区间。现在你就能检查一下在你的置信区间之内有多少答案是正确的，以上问题的答案分别是：（1）5.55 亿；（2）7.74 美元；（3）415；（4）22%；（5）470 万；（6）14.8%；（7）5 970 万；（8）3 400 万；（9）105；（10）2.3%。

在向高管学员公布测验答案之后，我会提醒他们，如果他们的答案可以适当校正，我们在课堂上设置的 98% 置信区间将会把正确答案包括在内。我首先请那些在置信区间之内 10 个答案全部正确的人举手，但没有人举手。然后，我又查看有多少人有 9 个正确答案，只有一个人举手。在这些高管所设定的 98% 置信区间之内，10 个答案中平均只有 4 个是正确的。这一简单的证据有力地说明了一个经过反复证实的结果，即高管往往对他们的判断过度自信。[8]

高管管理着众多企业，大多数人往往都会过度自信。有些专家认为过度自信是所有决策偏差因素中最重要的表现形式。[9] 因为过度自信会让我们无法觉察到我们行为的消极面，这会引发本不应该发生的冲突、对双方都没有好处的工人罢工，以及毫无根据的诉讼，也会让人贸然创立不该创立的企业，使政府代表无法在经济层面达成有效的协议。过度自信能够解释为何会出现如此多的公司兼并和收购行为，尽管它们最终基本都没有成功。[10] 与此类似，过度自信会促使一名高管认为，公司在下一个时期的业绩一定会更出色，而且将会掩盖当前的负面结果，这种想法将让其不道德行为以缓慢的速度逐渐累积。

坦白错误，避免不道德行为逐步升级

1996 年 12 月，库兹韦尔应用智能公司（Kurzweil Applied Intelligence）的前任总裁伯纳德 · F. 布拉德斯特里特（Bernard F. Bradstreet）因虚报公司收入及伪造账簿和记录而被判处 2 年零 9 个月的监禁和 2 年监外看管，并处以 230 万美元的罚款。

计算机科学领域的大师级人物雷蒙德 · C. 库兹韦尔（Raymond C. Kurzweil）在 1982 年创建了库兹韦尔应用智能公司。库兹韦尔有意通过吸引风险投资来实现其语音识别研究的商业化，这就给了布拉德斯特里特机会。布拉德斯特里特的履历让人印象深刻：通过美国后备役军官训练团（ROTC）的奖学金进入哈佛大学，在海军 5 年服役期间做过战斗机飞行员和空战指导员并晋升为上尉军衔，退役后重返哈佛大学并获得了 MBA 学位。接着开始在商界谋求发展，更宽泛地讲，他获得了成功商人的良好声誉，是公认的模范丈夫和真诚正直的人。库兹韦尔请布拉德斯特里特来负责寻找风险投资，并将公司做大。

就像其他人那样，布拉德斯特里特以缓慢的速度逐渐累积不道德行为，最终走向了欺诈的道路。刚开始的时候，一个财务季度即将结束，但是一位销售代表还需要再过几天才能敲定一笔业务，布拉德斯特里特就让公司提前将这笔业务收入记在账上。此时公司不能出货给客户，因为对方还没有下订单。但位于马萨诸塞州沃尔瑟姆市（Waltham）的库兹韦尔应用智能公司仍照常出货，只不过是将产品暂时送到附近城镇的一个仓库。这个操作流程很明显违背了既定的会计原则，通常，只有当货物离开公司所在地并送交客户，公司才能记录这笔销售收入。不过只要这笔交易能够尽快达成，这一“巧妙”的操纵行为就很难被发现。

1992 年，库兹韦尔应用智能公司销售收入下降，因此布拉德斯特里特放宽了他的政策，允许提前两个星期将销售收入记到账上。到 1993 年的时候，公司开始想尽一切办法来达到销售预期，这样就发生了大量的欺诈行为。在董事会、公司主要投资者和他们的审计人员还没有发现的情况下，不道德的行为逐渐累积，愈演愈烈。在 1996 年布拉德斯特里特被判决之后，美国州检察官首席助理马克 · W. 皮尔斯坦（Mark W. Pearlstein）对该案这样总结：

> 这一案件是我们努力根除证券市场欺诈行为的一个里程碑。今天的判罚生动地表明这种犯罪行为将不再被容忍。被告经常编造公司账目，从而欺骗投资者相信库兹韦尔应用智能公司的业绩表现比实际要好得多。被告在特定时期严重夸大公司的财务状况，这让毫无戒心的投资者根据虚假信息购买了库兹韦尔应用智能公司的股票。证券市场的正常运行需要诚实而全面的财务信息。那些试图欺骗投资公众的人们，必将继续受到我们的起诉。[11]

事实证明，皮尔斯坦的这一总结恰恰反映的也是一种过度自信行为。在他发出了这一声明之后，证券市场的欺诈行为并没有消失。相反，在过去 20 年中，不断升级的错误行径和以不可持续的方式管理金融数据的不当行为已经司空见惯。关于错误行为逐步升级的现象，心理学研究表明，决策者如果采用某一特定的错误行为方式，往往以后在做决定时也会采取同样的方式，让这一错误持续下去。[12] 如果高管欺诈性地“管理”销售收入、收益或者其他财务数据之后，未来发生的事情无法解决这个问题，那就很有可能继续这一欺诈行为。如果问题加剧，他也不可能承认在上一个时期所犯的不严重的错误，即使这么做不会让他面临严重的后果。我们大多数人都不愿意爽快地承认错误。当做错事情的时候，我们会试图做出更恶劣的行为来避免被发现。

商业媒体经常报道流氓交易员的胡作非为，在他们最终被抓入狱之前，往往已经给银行带来了数亿美元甚至几十亿美元的损失，著名的例子包括巴林银行的尼克·利森（Nick Leeson）、法国兴业银行的杰洛米·科维尔（Jérôme Kerviel）以及瑞银集团的科维库·阿杜伯利（Kweku Adoboli）。2012 年，阿杜伯利因造成瑞银 23 亿美元的损失而被控有罪，被判入狱 7 年。

在阿杜伯利被捕之前，他在瑞银的职业生涯看上去很棒。2008 年夏天，他在该行伦敦办事处实习期间就给管理人员留下了深刻的印象，并获得在交易所交易基金部门的职位。由于银行营业额很大，28 岁的阿杜伯利和他 26 岁的同事约翰·休斯（John Hughes）负责管理的资金在账面上高达 500 亿美元。

阿杜伯利的欺诈行为开始于 2008 年，当时他在其中一笔交易中损失了 40 万美元。在达到预期利润目标的压力下，他没有承认这笔失败交易，而是在报表中对这笔交易做了更改，还伪造了结算日期，从而在短期内向瑞银集团会计部门隐瞒了亏损，他希望日后能够从其他交易中把钱赚回来。但是，后来的交易并没有如他所愿。由于没有人发现他的欺诈行为，在接下来的两年半时间里，他变本加厉地使用了相同的隐瞒方法。他的许多交易也获得了利润，但是由于这些交易没有经过上司的授权，他不得不将利润和损失都加以隐瞒。阿杜伯利将这些资金存入了一个秘密账户，后来他承认这些钱是为了应对“不时之需”。[13]

2011 年春天，当时的阿杜伯利正亏损着巨额资金并隐瞒着损失，还在上级未授权的情况下进行着风险更高的交易，希望把损失的钱赚回来。然而绝大多数交易的结果并不理想，亏损越来越多。到了 2011 年 9 月 14 日这一欺诈行为被发现的时候，他已经给银行造成了 23 亿美元的损失。在他的犯罪案件中，检方声称阿杜伯利损失额一度高达 118 亿美元，这甚至都威胁到了银行的生存。瑞银集团除了遭受交易损失之外，还因未能发现阿杜伯利的恶劣行径而被英国金融服务管理局（Financial Services Authority）处以 4 760 万美元的罚金。[14] 这个不道德行为不断升级的事例与行为伦理学家西莉亚·穆尔（Celia Moore）早期关于利森和科维尔故事的描述具有惊人的相似之处。[15] 然而，尽管有各种关于流氓交易员的类似报道，但银行仍未建立一个让它们在未来能够觉察到这种行为的系统。

不道德行为逐步升级的模式不仅局限在虚假的财务报告上，政客也不例外，特别是在美国前总统比尔·克林顿和莫妮卡·莱温斯基（Monica Lewinsky）的绯闻事件中。关于这一不正当关系的报道最早出现在 1998 年 1 月 17 日的“德拉吉报道”网站（Drudge Report）[16] 中，该媒体声称《新闻周刊》压下了记者迈克尔·伊斯科夫（Michael Isikoff）关于该绯闻的报道。4 天之后，《华盛顿邮报》成为首家报道该事件的主流媒体。后来有多家媒体通过不同渠道的消息来源证实了这一事件：克林顿与莱温斯基有染。但是，克林顿并没有承认他的错误，而是在 1 月 26 日将此事升级到了一个新的层面。他偕同妻子希拉里出席白宫的新闻发布会，在会上说出了可能是他总统任期内最具伤害性的话：

> 现在，我得回去准备国情咨文报告。昨天晚上，我就为此工作到很晚。但是我想对美国人民说一件事情，我想让你们听我说

清楚，我将再次重申一点：我和那个女人，莱温斯基小姐，没有发生过性关系。我从来没有让任何人撒谎，哪怕是一次。这些指控都是假的。我需要回去为美国人民工作。谢谢！

克林顿的否认是一个非常糟糕的决定，从某种程度上说，对一个具有高认知水平的人来说，他应该意识到即将出现不可辩驳的证据。他的行为与研究得出的不道德行为会逐步升级的结论高度一致。克林顿现在仍是滑坡效应方面很具代表性的一位总统。

我们很难觉察到他人的行为以缓慢的速度逐渐累积的变化，尤其是在道德层面上的变化。在我讨论过的很多事件中，不道德行为随着时间推移逐渐累积。我们往往觉察不到逐渐发生的变化，这才是让人担忧的真正原因。

在我们的策略没有奏效，想逐渐加码之前，各种证据表明我们应该停下来，并采用条理性更强的另一套思维模式。你不仅应该通过审视自己的行为来确保接下来的行为具有意义，而且应该监督自己的行为以确保不会陷入“心理滑坡”，这种“滑坡”将导致那些自己都不会宽恕的不道德行为。太多时候，高管之所以做出不可接受的行为，不是因为他们蓄意欺诈，而是因为他们想要证明自己所遇到的混乱是正当的。

此外，当你的下属一直继续某一行为，但已有迹象表明不会奏效，你就应该意识到这一危险信号，至少应该开始觉察这些问题了！你可能会得出结论：你的员工正在做着正确的决策；但是你也可能会发现，觉察到重要信息对于制止非理性行为和潜在不道德行为是非常有用的。

THE POWER OF NOT!C!NG

本章小结

1. 我们经常觉察不到现实世界中那些明显的变化。
2. 高管往往对他们的判断过度自信。
3. 我们大多数人都不愿意爽快地承认错误。当做错事情的时候，我们会试图做出更恶劣的行为来避免被发现。
4. 大多时候，高管之所以做出不可接受的行为，不是因为他们蓄意欺诈，而是因为他们想要证明自己所遇到的混乱是正当的。

THE

POWER

OF

NOT!C!NG

▼

第二部分

如何捕捉重要的信息

THE

POWER

OF

NOT!C!NG

07

第二视角，留意本该发生但未发生的事

模拟训练

假设你想买一辆二手车。你找到了一辆喜欢的车，但是又为自己缺乏引擎如何工作等方面的知识而感到不放心。卖家友善地告诉你，她想卖这辆车已经一月有余，已经有一些人看过这辆车，但还没有人出价。因为她正准备搬离本地，所以愿意在这辆二手车标价的基础上再减 2 000 美元卖出。你会接受这一报价吗?

在柯南·道尔 1892 年的短篇小说《白额闪电》（*Silver Blaze*）中，夏洛克·福尔摩斯不是通过对已发生事情的推理，而是通过觉察到了那些并没有发生的事情，破获了一起谋杀案。[1] 在我为你讲述这个故事的时候，思考一下如果你是福尔摩斯的话，你是否会得出和他一样的结论。

故事一开始，福尔摩斯就受聘调查一宗谋杀案，一位名为约翰·斯特雷克（John Straker）的驯马师被杀，而且在案发的同一天晚上，他训练的那匹马“白额闪电”也失踪了。这匹纯种马的主人是罗斯上校（Colonel Ross），人们都看好这匹马能够赢得即将举行的“韦塞克斯”杯比赛（Wessex Cup）。

案发现场是英格兰广袤荒原上的金斯皮兰（King's Pyland）马厩。在从伦敦赶往案发现场的途中，福尔摩斯向他的忠实助手华生医生讲述了案情。案发当晚下着大雨，大约 9 点左右，一名女佣从斯特雷克家带着晚饭准备送给当晚在马厩看护赛马的男孩。半路上，一名穿着考究的男士与女佣搭讪并跟着她一起来到了马厩。他想用钱收买小马倌内德·亨特（Ned Hunter），打听一些有关“韦塞克斯”杯比赛的消息。亨特拒绝了他的要求，确定锁好马厩的门之后，就牵了一条狗准备跟着他以确保他离开这里。但是这个人却消失得无影无踪。

亨特带着狗返回了马厩，并将此事报告给了斯特雷克。斯特雷克太太后来告诉警方，她丈夫在听闻这位不速之客的事情之后，一直睡不着觉，并在凌晨一点左右动身去了马厩。这位主妇在醒来之后没有看到丈夫，就开始寻找他。结果发现，亨特被人下药迷昏在马厩，“白额闪电”也不在畜栏。那晚，另外两名睡在草料堆中的小马倌说，他们什么动静也没有听到。斯特雷克的尸体是在 1 500 米外的荒野上的一个山洞中找到的。他曾受到钝器袭击，大腿上还有刀伤。他一只手握着一把小刀，另一只手抓着一条领巾（相当于现在的领带），亨特确认这条领巾属于当晚那名不速之客。有迹象表明，在打斗时，“白额闪电”也在山洞里，但这匹马却一直没有找到。

警方已经确认当晚的访客是菲茨罗伊·辛普森（Fitzroy Simpson），他是来自伦敦的赛马赌注登记员，也已下注赌“白额闪电”不会赢得比赛。经过审讯，辛普森承认他想通过贿赂亨特来换取有关“韦塞克斯”杯比赛的信息，但同时也声称他对此后发生的谋杀毫不知情。然而，警方怀疑是辛普森在亨特的食物中下了药，用偷偷配的钥匙打开了马厩并偷走了那匹马。警方还进一步推测，他在半路上遇到了斯特雷克，辛普森用他的手杖将斯特雷克殴打致死。在打斗过程中，斯特雷克被自己的刀所伤，那是一把做工精良的“白内障手术刀”。然后，辛普森将“白额闪电”藏了起来，或者那匹马自己跑掉了。此外，从斯特雷克身上找到了一张从伦敦某服装店购买昂贵女装的单据。根据斯特雷克太太的说法，她丈夫有一位名叫达比希雷（Darbyshire）的朋友，有时会把他的信件寄送给斯特雷克，她猜想这张单据应该属于达比希雷。

福尔摩斯虽然也非常怀疑辛普森，但认为没有足够的证据能够认定他实施了谋杀。在日落时分，他和华生仔细对案发现场进行了搜证。福尔摩斯这样推理，如果那匹马跑掉了，那也应该可以在附近的马厩里找到它。事实上，福尔摩斯发现了那匹马的行踪，循着它的马蹄印一直追踪到了附近的卡普莱顿（Capleton）马厩。在那里，福尔摩斯见到了马厩的主人西尔斯·布朗（Silas Brown），他自己的赛马也要参加“韦塞克斯”杯比赛。经过福尔摩斯穷追猛打的逼问，西尔斯·布朗承认“白额闪电”不知为什么自己跑到了他的马厩，他就把那匹马藏了起来，打算在比赛之后再把马放了，这样他自己的马胜算就会多一些。华生说，警方先前应该已经搜查过西尔斯·布朗的马厩，但福尔摩斯反驳说：“像他这样一个混迹于赛马圈的老手，阴谋诡计肯定多得很。”

让华生、罗斯上校和邀请他们参与调查的督察格雷戈里（Gregory）感到吃惊的是，尽管没有破获斯特雷克谋杀案，福尔摩斯却宣称他和华生当天晚上就要返回伦敦。福尔摩斯告诉一脸迷茫的罗斯上校，虽然还没有找到“白额闪电”，但它届时将会出现在赛场参加“韦塞克斯”杯比赛。

就在他乘坐的四轮马车即将离开金斯皮兰马厩时，福尔摩斯向其中的一名小马倌询问几只正在吃草的羊的情况。这名小马倌提到最近有 3 只羊的腿瘸了，福尔摩斯搓着双手轻声笑了笑，还提醒督察要留意这一并不寻常的传染病。

督察格雷戈里问福尔摩斯还有什么其他情况需要特别留意的。

“要留意那天晚上那只狗的反常举动。”福尔摩斯回答说。

“那只狗在那天晚上没有什么动静。”督察说。

“那才是一件怪事情。”福尔摩斯说。

4 天之后，福尔摩斯和华生参加了“韦塞克斯”杯比赛，罗斯上校很惊讶地发现，在“白额闪电”赛道上出现的是另一匹赤褐色的健硕良驹，但是其额头上并没有标志性的白色斑点。在这匹马力克群雄赢得比赛之后，福尔摩斯带着罗斯上校去看这匹马，并解释说是上校的邻居西尔斯·布朗将马藏了起来。福尔摩斯说，西尔斯·布朗预料他的马厩会被搜查，就事先将这匹马额头的白色斑点涂成了黑色。

福尔摩斯接下来披露了案件真相：斯特雷克是在自卫过程中被“白额闪电”杀害的。根据小马倌被下药这一线索，福尔摩斯推测这件事只有可能是斯特雷克或者他的妻子做的。接着他做出了最重要的推断：那天晚上的不速之客来到马厩偷马，马厩里的那只狗没有叫，因此睡在草料堆上的那两名小马倌也没有被惊醒。“显然，”福尔摩斯说，“那晚的不速之客是狗很熟悉的一个人。”

福尔摩斯得出结论，斯特雷克“过着双重生活”。服装店的那张单据就是明证，是他，而不是他的朋友达比希雷，和一位具有昂贵消费品位的女人有染。身负巨额债务，斯特雷克原本计划押注“白额闪电”不会赢得比赛，然后去弄伤它，这样“白额闪电”就不可能赢得比赛。在自家厨房做好的食物中下药将小马倌迷昏之后，斯特雷克将马牵到了没有人能够发现的那个山洞，将辛普森的领巾作为绳子将马腿绑住，他本来打算用他那把刀在马身上割出一个难以被发觉的伤口。福尔摩斯解释说，斯特雷克已经在羊身上练习过，这也就解释了为什么近来有几只羊莫名其妙地瘸了腿。但是，受到惊吓的马从斯特雷克手中脱了缰，带着马蹄铁的马蹄踢到了他的前额并致其死亡。福尔摩斯拿着斯特雷克的一张照片去伦敦那家服装店确认，服装店的人说这位顾客购买了很多昂贵女装，而斯特雷克太太却对此毫不知情。这就已经证实了福尔摩斯的推断。

小说中虚构的人物福尔摩斯为我们提供了一个克服有限认知的绝佳示例。就像我在前面章节中所讨论的那样，有限认知最常见的表现方式之一就是未能觉察到那些还没有发生的事情。不论在小说里，还是在我们所有人身边，没有发生的事情都能够透露出更多的信息，有时还具有决定性的作用。

怎样才能觉察到那些错失的重要信息？答案就是学会福尔摩斯的诀窍：从那只没有叫的狗身上觉察到异样。这是一项第二套思维模式的训练。它要求我们学会思考正常情况下会发生什么，并觉察为什么没有发生。事实上，小说中的福尔摩斯几乎比所有人都更善于使用第二套思维模式。然而，即使你没有注意到那只狗没有叫，也有可能已经觉察到驯马师口袋中那张购买昂贵女装的奇怪票据。培养觉察力意味着要学会从那些看似并不相关的事实中发现更多的重要信息。

从对手没有做的事情上推论

为了说明我的观点，我要讲述另外一个故事。我从来没有做过犯罪调查，但是我玩扑克牌，而且在16—22岁期间还是一名高手。扑克牌的所有玩法我都很擅长，我不断提高自己的牌技，希望可以成为桥牌锦标赛的选手。当时我和另外两名选手组成了团队参加比赛，而这两位现在已经是全世界公认的最好的桥牌选手。

当时我22岁，我的团队在锦标赛中一直处于第二名的位置。当时大学学业牵扯了我大量的精力，我知道如果当时没有在学业上花费如此多的时间，我的团队就会赢得这些锦标赛的胜利。我的桥牌比赛很明显影响了我的学业，而学业也影响了我在桥牌赛场的发挥。我必须集中精力做一件事情，而我不清楚应该选择哪一个。最后，我决定退出桥牌锦标赛，在之后的35年里再也没有碰过桥牌。

当然，我偶尔也会思考桥牌以及这条我没有选择的道路，倒不是因为后悔，而是好奇如果我选择了桥牌，会取得多好的成绩。也经常有人会问我，是否想过会重新参加桥牌比赛。我认为答案是否定的。对现在的我来讲，那种生活方式已经没有什么吸引力，而且我认为自己的牌技也已经没有20岁的时候那样好，思维也没有当时那么敏捷了。过去的30多年时间里，我将大量的时间投入到决策研究和谈判领域，我很好奇我在学术上所学得的东西是否有助于自己成为一名更好的桥牌选手。如果是的话，我曾经是否应该继续参加桥牌比赛？我想，答案是肯定的。

我现在认为，导致我不能成为一名桥牌高手的原因，就是没能从对手没有做过的事情上做进一步推论，缺乏福尔摩斯那样的真知灼见。桥牌选手的一个主要任务是猜出对手手中都拿着什么牌。而且，选手要根据对手还没有做的事情做出相应推论，这样才算是达到了桥牌比赛的最高境界。回想起来，这正是我没有尽力去提高的一项技能。

好多人都像我一样没有学到福尔摩斯的诀窍。大量的研究也证实，这种错误十分普遍，我们大多数人在许多情况下都会犯这种错误。

遗漏偏差会让我们高估行动的伤害

假设你被一种新的流感病毒感染的可能性为 10%，只有一种疫苗可以预防这一流感，但是也有 5% 的可能性会引发相同的症状，而且严重程度相当。你会接种这种疫苗吗？来自希伯来大学和宾夕法尼亚大学的两位心理学家伊拉娜·瑞特福（Ilana Ritov）和乔纳森·巴伦（Jonathon Baron）在研究中向参与者提出了这一问题，大多数人的回答是不使用这种疫苗。

瑞特福和巴伦在研究中发现，我们往往关注某种行为的危害胜于不作为的危害，即更关注接种疫苗带来不良反应的风险概率，而非不接种疫苗感染流感的风险概率。尽管这种疫苗有望将患流感的可能性降低 5%，但是人们也不愿接种。[2] 重视某种行为的危害胜于不作为的危害，这种行为被称为遗漏偏差：人们往往将“不要造成伤害”奉为首要原则。

现在假设你是一名美国联邦政府的政策制订者，必须对以下两个选项中的一项投出赞成票：

A. 如果贵国的公民意外死亡，这个人的心脏将被自动捐赠用于挽救其他生命。此外，如果公民需要心脏移植，他获得心脏的可能性为 90%。

B. 如果贵国的公民意外死亡，这个人包括他的心脏将被完好无损地埋葬。此外，如果公民需要心脏移植，他获得心脏的可能性为 45%。

当面临这种选择的时候，大多数人会选择方案 A。这一点也不让人意外，因为从挽救生命的角度来说，方案 A 似乎要比方案 B 更能让局面得到明显改观。然而，在这个问题上，大多数美国人并不是以这样的方式被提问，而是被问到他们是否会捐赠自己的器官。问题中没有涉及社会上最终被挽救的生命，而且大多数人也并没有觉察到遗漏的信息。把自己的器官捐赠出去将会带来哪些好处？好处有很多。在美国，等候移植器官的病患有约 5 万人，其中可能超过 1.5 万人在找到合适的器官之前就去世了。如果美国器官捐赠数量能够翻一倍的话，每年就能挽救数千万生命，然而美国并未做出恰当的政策变革。

尽管提高器官捐赠数量的有效手段已经出现，但是悲剧仍在继续。目前，像奥地利、比利时、法国和瑞典等国家都实行“选择退出”（opt-out）器官捐赠计划，即假定公民在意外死亡时同意捐赠器官的计划。与之相对的是，美国许多州实行的是“选择加入”（opt-in）器官捐赠计划，即假定人们不同意捐赠器官。如果美国改变这一做法，假定符合条件的公民一旦死亡就自动成为器官捐赠者，除非他们特别强调要退出器官捐赠系统，那么器官捐赠数量将会大量增加。埃里克·约翰逊（Eric Johnson）和丹·戈德斯坦（Dan Goldstein）所做的实证研究证实了这一结果。那些同美国一样采用“选择加入”器官捐赠计划的欧洲国家，其器官捐赠率低至 4%~28%，而那些采用“选择退出”器官捐赠计划的国家，其器官捐赠率在 86%~100%。

为什么美国不采用欧洲最成功的器官捐赠计划？有证据表明，人们觉察到的是这种行为所带来的危害（从我们身体里摘取器官会令人难过），而忽视了不作为所带来的危害（每年会有数千起不必要的死亡）。在前文让各位做的选择就是为了让大家同时意识到正反方的成本，并设想你有可能是一名器官捐赠者，也有可能是器官受捐人。现在，你能够明白，政策制定者在这一事情上的不作为很明显大错特错。过分强调某一行为所带来的危害导致了许多荒谬的政策（或缺乏政策），尽管人们都知道有更好的政策可以采用。从更广泛意义上来说，我们关注的是来自政策反对者的“犬吠声”（意见），因而未能觉察到我们的不作为将会带来的危害，也未对此采取行动。

“选择加入”和“选择退出”的区别及其器官捐赠数据得到了广泛的报道，并且现在已经广为人知。批评人士担忧，如果明确提示公民注意这一选择，那么他们可能会在不知情的情况下被引导去做出一些他们可能原本不想做的事情。虽然我并不认同这一担忧，但是至少应该让所有公民在是否愿意加入器官捐赠制度上做出选择。方法很简单，只要在人们下一次换驾照的时候做一个简单的说明就可以了。这一选择至少可以促使我们觉察到这个关键的决策。

提高透明度，促使系统做出改变

思考一下以下两种常春藤盟校为特殊学生群体设计的入学计划：

1. “肯定性行动”计划；①
2. 针对人脉广泛且家庭富裕的子女或者精英高中毕业的学生的入学计划。

许多人都能意识到，“肯定性行动”计划旨在增加学生多样性，尤其是种族的多样性，这可能也是法院对这一做法提出质疑的原因，包括最高法院2013年的裁决。然而，更有趣的是，很多人并不十分了解包括常春藤盟校在

① “肯定性行动”计划（Affirmative action programs）是20世纪60年代由美国联邦政府实施的，旨在消除在就业、教育等领域对少数族裔及妇女等群体歧视的一系列政策与行动。——译者注

内的美国主流大学都在实施一种很不一样的“肯定性行动”计划，那就是帮助特权阶层顺利入学。

大学以培养学界精英而著称。然而，许多杰出大学“肯定性行动”政策的主要形式是“荫泽录取”（legacy admissions）。在这一政策下，校友、捐赠者和人脉广泛者的子女会拥有入学资格，而其中一些学生的入学资质明显要低于最终被拒的最优秀的学生群体。[3] 精英类高等学府的“荫泽录取”政策所导致的结果很明显，来自社会特权阶层的资质较差的申请者更容易入学，而资质更高但没有广泛人脉关系的申请者却被拒之门外。根据《高等教育纪事》中彼得·施密特（Peter Schmidt）的说法，在绝大多数常春藤盟校里通过“荫泽录取”政策入学的大一新生比例占总人数的 10%~15%。[4] 即使是公立大学，例如弗吉尼亚大学（University of Virginia），也有“荫泽录取”政策。

许多大学行政官员低估了“肯定性行动”政策的影响，认为这部分入学者与其他人一样都属于具备入学资质的申请者。通过谨慎地分析，我们可以证明完全不是这么回事儿。虽然有一些通过“荫泽录取”政策入校的学生与其他申请者具有相同的入学资质，但美国教育部的一份报告却得出了这样的结论：在哈佛大学，除体育专业之外，与通过非“荫泽录取”入校的学生相比，通过“荫泽录取”政策入校的学生入学资质明显更低。[5] 普林斯顿大学教授托马斯·埃斯彭沙德（Thomas Espenshade）专门研究高等教育招生的多样性，他认为拥有一位校友家长相当于为学术评估测试（SAT）加了 160 分（总分为 1 600 分）。[6] 根据哈佛大学研究生教育学院博士生迈克尔·赫维茨（Michael Hurwitz）的预估，如果不考虑其他因素，如果拥有一位校友家长，被哈佛和其他精英大学录取的可能性就会提高 40% 甚至更多。也就是说，一个原本录取可能性只有 15% 的人最终被录取的可能性将会超过 50%。[7]

因此，如果大学行政官员谈论“荫泽录取”政策的时候，认为受惠于这一政策的这部分学生与其他申请者具有相同的入学资质，他们要么是不诚实，要么就纯属孤陋寡闻，很有可能也犯了动机性盲视的错误。大学保持“荫泽录取”政策的好处是很明显的。录取那些来自富裕家庭和忠实校友的子女能够为大学带来更多的捐款，尽管他们不太具备入学资质。而录取那些来自贫困或者中等收入家庭的子女，同样意味着在将来不能为大学带来更多的捐款。为了让其决策更具合理性，大学声称这些捐款可以帮助那些相对来说并不是很富有的学生。

我确信并希望，数年之后回顾这段历史，我们会感到震惊，因为美国顶尖大学居然能够在21世纪仍然执行这样的精英主义和种族主义政策。“荫泽录取”政策始于这样一个时期：当时社会普遍认为只有特权阶层才能进入诸如耶鲁、普林斯顿和哈佛等著名学府。然而，那些至今标榜维护传统，仍然支持类似政策的人应该知道，“荫泽录取”政策产生于20世纪早期，其目的是不让新移民获得较高的大学升学率。[8] 虽然我也愿意相信大多数大学行政官员的出发点是好的，但是这种精英主义、种族主义做法在今天依然被广泛接受实在让人不安。这就引出了这样一个显而易见的问题：为什么顶尖大学里的这些不道德政策没有引起更多的争论？

答案很明确，因为这些政策所带来的伤害比较模糊，同时难以觉察。由于大学接收了越来越多的通过“荫泽录取”政策入学的学生，因而学界精英群体也在逐渐减少。而且，更严重的是，在这些政策面前处于劣势的那些人也没有发声。也就是说，虽然“荫泽录取”政策明显偏袒那些入学资质较差或者不具备入学资质的申请者，但那些具备入学资质但被拒的学生却依然保持着沉默。显然他们会因为被拒而感到沮丧，但是我们为何没有听到他们的呼声？因为他们自己也不知道因何被拒，外人就更不知道其中的原委了。

想象一下，把大学录取过程的透明度稍微提高一下。如果大学不得不公布那些资质不合格但凭借特权政策被录取的学生名单，事情会怎么样？我的猜测是，这种透明度将会扯掉“荫泽录取”政策的遮羞布，被拒绝的学生和媒体就会发出他们的声音，整个系统将不得不做出改变。

具备第二视角，像福尔摩斯一样思考

不要再去想小说中虚构的狗和有所偏袒的录取计划，现在让我们设想你是一个游戏节目的竞猜者。

我将介绍3种略有差别的节目版本，所以现在请大家注意看。在第一种版本中，有一位节目主持人，我姑且把他称作米恩·蒙蒂（Mean Monty），让你从A、B或者C这3道门中进行选择，每一道门后面都有奖品。其中一道门后面是一个大奖，例如一辆新车；另外两道门后面是安慰奖，例如某种家畜。如果你在电视上看过这个节目，那么你就知道米恩·蒙蒂肯定晓得汽车在哪道门的后面。你也知道出于经费方面的原因，他不想让竞猜者赢得那辆汽车。因此，如果竞猜者选择了后面藏有汽车的那道门，那么米恩·蒙蒂就不会立即将那道门打开。相反，他会打开其他两道门中的一道揭晓出一个安慰奖，然后让竞猜者来选择是否要将已选的那道门和另一道还未打开的门进行交换。然而，当竞猜者首先选择的是藏着安慰奖的那道门，米恩·蒙蒂就会将门打开，然后从门后走出某种家畜。

现在轮到你来玩这个游戏了。米恩·蒙蒂让你选择一道门，你选了A门。接着他打开了B门让你看到一个你不会赢得的奖品，一只山羊从门后走了出来。你为自己的选择感到庆幸！现在米恩·蒙蒂告诉你，要么保留A门后面的奖品，要么同C门后面的奖品进行交换。你会交换吗？

你不仅不应该去交换，还应该为自己选择了A门而感到特别高兴。通过思考米恩·蒙蒂没有做的事情，即他没有直接把A门打开让你看到奖品是一只山羊，你能够推断出A门后面的奖品价值更高。因为米恩·蒙蒂肯定不想让你赢得那辆汽车，所以如果A门后面藏着的是另一种家畜，那他就会直接打开 A 门放出门后面藏着的那只小猪。他为什么没有那么做？因为藏在 A 门后面的是汽车。思考觉察游戏节目主持人没有做什么，这会让你知道什么才是正确的决定。

这个例子可能许多人都比较熟悉，尤其是那些年长一些的美国人。这个问题是由蒙蒂·霍尔（Monty Hall）主持的美国电视竞猜节目《我们来交换》（*Let's Make a Deal*）的改动版本，而且变化之处很重要。该节目在 1963—1976 年间在美国有线电视台定期播放，而且在 20 世纪 80 年代还曾尝试过重播，但没有成功。

我所要描述的版本改动问题与原先的竞猜游戏节目有很大的不同。在我的第一个节目改动版本中，《我们来交换》节目的竞猜者从 3 道门中选择一道，知道其中一道门后面藏着大奖和另外两道门后面是安慰奖（他们节目中就是这么叫的）。一旦竞猜者选了一道门，霍尔通常（但也不总是这样）会打开剩余两道门中的一道揭晓出一个安慰奖，然后让竞猜者选择是否要与那道还没有被打开的门进行交换。关键的不同就是，尽管许多学者已经尝试去找出霍尔的决策原则，即在一道门被选择之后是否决定打开另一道门，但是没有人能够明白其中的原委，因为没有该节目的足量影像资料。不同于我所说的第一种版本，你不知道霍尔的动机究竟是什么。

这可能会让你感到困惑，因此我要对前面所说的这两种版本再做一个说明。在第一个版本中，在竞猜者做出选择之后，米恩·蒙蒂有时候会打开第二道门，而且门后通常都是安慰奖，他让竞猜者去选择是否要与还没有打开的那道门进行交换。他的动机是让竞猜者改变其初始选择以防止竞猜者赢得那辆新汽车。在第二个节目版本中，也就是《我们来交换》节目中，霍尔有时候也会打开第二道门，但是不清楚他的决策原则究竟是什么，有可能是让竞猜者赢得汽车，这将会带来更好的节目效果和更高的收视率。现在让我们来看一下第三个节目版本，也就是学术界的版本。

有少数读者可能还依稀记得以前见过这种思维训练，并听过这样的说法：当霍尔给出选择机会时，正确的答案是一定要换门。在该节目停播多年之后，统计学家、经济学家和新闻记者都认为，当选手选择不换门时，他们通常都是错误的。[9]他们的推论是基于这样一种假设：霍尔总是知道哪道门后面藏着汽车大奖，并总是打开一道未被选择的门来揭晓一个安慰奖，然后让竞猜者选择是否进行交换。在这些假设之下，他们的建议遵循着统计学原理：当竞猜者先选择了一道门，他赢得奖品的概率是1/3。当蒙蒂打开一道门揭晓了一个安慰奖，这1/3的概率并没有改变，竞猜者的初始选择仍然有1/3的机会赢得大奖。但从统计学层面来讲，已经发生改变的是，现在在那道还没有被选择、未打开的门后面藏着大奖的概率是2/3。这就是专家们建议竞猜者用自己已选择的一道门交换还未打开的那道门所遵循的数学依据。[10]专家指出，这样做将使选手获胜的概率从1/3增加到2/3。

毫无疑问，专家的数学水平都很高，但这是否全面解答了这个问题？

就我们的目的而言，重要的是把霍尔看作一个具备自身动机的积极决策者，并觉察到弦外之音，包括觉察他有时候没有去做的事情。当然，专家认为霍尔总是会打开一道未被选择的门去揭晓一个安慰奖，这当然是他们要着重分析的一个关键因素，也是他们得出竞猜者应该进行交换这一结论的核心所在。然而，在《我们来交换》节目中，蒙蒂·霍尔并不总是会打开那道揭晓安慰奖的门。米恩·蒙蒂知道大奖究竟藏在哪里，并尽量降低竞猜者赢得大奖的可能性，这会给我们带来一个完全不同的分析和结论。就如我们之前所分析的那样，在第一个节目版本中，竞猜者不应该进行交换。

《我们来交换》节目回归电视的可能性微乎其微，而且如果我们不知道霍尔在节目中所遵循的决策原则，或者也没有影像资料做数据分析，就不能确定竞猜者应该怎么做。但是，在3个节目版本中，我们知道关键是要去思考霍尔做了什么以及他没有做什么。我们能够断言，那些能够像夏洛克·福尔摩斯一样思考问题的竞猜者会比别人更有机会开一辆新汽车回家。

在特定情况下分析没有发生的事情是一项非常困难的认知任务，我们本能上也不会这么思考问题。然而，这种思维模式在战略决策方面特别有价值，这时候思考他人的决策至关重要（第 9 章会对此进行更详尽的讨论）。

针对本章开篇的“模拟训练”，你的答案是什么？在你回答这一问题的时候，你有没有觉察到卖家的亲朋好友中没有人将这辆车买下，而且极少数看过这辆车的人也没有出价？这些事实传递着有价值的信息。有些原因你根本看不到，这辆车的质量水准很可能并不怎么高。在这里让我们再一次强调，觉察到那些没有发生的事情是做出正确决策的关键所在。**我们获得的经验教训是：每当某些事情好到了近乎不真实的地步，通常就需要去考虑那些没有发生的事情**。除了需要觉察到那只不叫的狗，我们还需要觉察到为什么狗没有发出叫声。

THE POWER OF NOT!C!NG

本章小结

1. 没有发生的事情都能够透露出更多的信息，有时还具有决定性的作用。
2. 遗漏偏差，是指人们往往将“不要造成伤害”奉为首要原则。
3. 培养觉察力意味着要学会从没有叫的那只狗身上觉察到那些看似并不相关的事实。
4. 觉察到那些没有发生的事情是做出正确决策的关键。
5. 每当某些事情好到了近乎不真实的地步，通常就需要去考虑那些没有发生的事情。

THE POWER OF NOT!C!NG

08

保持理性，考虑相关者的行为和动机

模拟训练

假设你同其他 85 名专业人士一样，也是我课堂上的学员，我从口袋中拿出一张 100 美元的钞票并做了如下说明：

我将拍卖这张 100 美元的钞票。你可以参与拍卖或者只是观看别人竞价，究竟想怎么做请自便。参与拍卖的人将以 5 美元的倍数进行加价，拍卖一直进行到没有人竞价为止。届时竞价最高者将支付他所报的竞价金额并赢得这张 100 美元的钞票。与传统拍卖方式的唯一不同之处是，第二名竞价最高者也必须支付自己所报的竞价金额，尽管他无法赢得这张 100 美元的钞票。举例来说，如果汤姆竞价 15 美元，萨莉竞价 20 美元，然后竞价结束了，那么我要支付给萨莉 80 美元（100 美元减去 20 美元），但作为第二名竞价最高者，汤姆也要支付给我 15 美元。

各位愿意出价 5 美元，开始竞拍吗？

假设有一个拍卖网站，它的商品售价一直都低到令人咂舌的程度：顾客能够以 35.86 美元的价格买到一台价值 1 799 美元的苹果笔记本电脑，以 16.03 美元的价格买到一台尼康单反相机，以 15 美元的价格买到一台苹果音乐播放器，等等。这个网站是不是会吸引你？并不是只有你受到了吸引，事实上，付费竞价拍卖网站（penny auctions）的实际成交价格的确吸引了许多消费者。

接下来，我们说一下“付费竞价拍卖”的运作模式。在参与竞标之前，竞拍者需要购买竞价时所使用的点数。索普拍卖网（Swoopo）是一家创建时间较早、总部设在德国的付费竞价拍卖网站，竞拍者每次参与它的竞价都需要购买 60 美分的点数。这样，你每一次竞价都要花费 60 美分，但如果你能够以低于 40 美元的价格买到一台苹果笔记本电脑，这只能算是一个小数目。竞价点数以“竞拍包”的形式出售，每包可能会有 25、40、150 或 1 000 个竞价点数。拍卖商品从 1 美分的价格起拍，每次加价幅度也是 1 美分，竞拍一直会持续到竞拍时间结束。不过，如果有人在最后 20 秒钟内竞价的话，那么当前的竞价时间将自动往后延长 20 秒钟，一直延长到 20 秒时间之内没有人再竞价为止。你现在还对它感兴趣吗？

付费竞价拍卖可能听上去很有吸引力，但是如果你在读完本书或者只读了本章内容之后，还会参加这种拍卖活动，那么我就会觉得有些尴尬了。我们来看一下有关苹果笔记本电脑的竞价算法。针对索普拍卖网的一次分析显示，在拍卖网上你可以以 1 349 美元的价格买到标价为 1 799 美元的苹果笔记本电脑，但这个价格明显远远高于索普拍卖网上曾有过的 35.86 美元的售价。[1] 然而，35.86 美元的价格也意味着，人们曾为这个产品出价 3 586 次，按每次竞拍需 60 美分计算，竞拍累计费用达到 2 151 美元。再加上成交价格，索普拍卖网销售一台苹果笔记本电脑共拿到了 2 187.46 美元。当然，赢得竞拍的人可能只做了几轮竞价就完成了一笔很划算的交易。但是，在另一次拍卖中，竞拍者们可能希望以低价购得电脑，但本次拍卖中有两三个竞拍者制造了一场竞价争夺战，将价格一直抬高至 1 000 美元。在这种情况下，索普拍卖网仅在竞拍费用上就能拿到 6 万美元。

对于拍卖活动中的经济原理和心理变化，人们已经进行了大量的研究。拍卖活动中所出现的各种奇怪而有趣的模式很大程度上源于能够激发我们做出行动的心理层面。因此，拍卖是很合适的研究对象，可以让我们研究参与者觉察到哪些信息以及错失了哪些信息。

识别陷阱，有时不行动才是对的

让我们回忆一下本章开篇的“模拟训练”。马丁·舒比克（Martin Shubik）发明了这一拍卖模式，通常被称为“两人支付式拍卖”（two-pay auction），在 1971 年他还就此发表过一篇论文。[2] 但是，为了便于操作，我完善了舒比克“一美元拍卖”中的一些规则，并且提高了所拍钞票的面值，常有人赞赏这一做法。事实上，在过去的 30 年里，我已经进行了 500 多次的面值为 20 美元和 100 美元的钞票拍卖。

超过 2.5 万名高管学员接受过我的决策和谈判培训，每一位都记得，刚开始的拍卖模式总是一样的。[3] 对于100美元钞票的竞价会迅速蹿升到60~80美元之间。在这个竞价区间，除了前两位竞价最高者之外，所有人都退出了拍卖。这两位竞拍者开始感觉落入了圈套，出价60美元的竞拍者可以通过一次70美元的竞价领先于出价65美元的竞拍者；出价65美元的竞拍者必须在出价75美元和损失65美元之间做出选择。出价75美元的不确定结果，似乎要比当前已确定的损失更具吸引力，因此出价65美元的竞拍者进一步出价75美元。这种拍卖模式一直会持续到竞价达到95美元和100美元。

出价95美元的竞拍者决定报出105美元的价格，这与之前的决策非常相似：他要么接受95美元的损失，要么继续竞价来迫使另一名竞拍者退出拍卖，进而减少损失。当竞价超出100美元的时候（通常也真会这样），课堂上会变得很搞笑，同时也会有一点尴尬。问题出在哪一个环节？

通过对这种拍卖游戏的仔细分析，我们发现竞拍者为自己制造了一个潜在的难题。你认为自己再做出一次竞价就可能让对方退出竞拍，但是如果两名竞拍者都抱有同样的想法，那么结果就会是一场灾难，因为获胜的竞拍者和第二名竞价最高者都要支付数倍于所拍卖钞票面值的金额。在我所进行的500多次拍卖中，人们总是在竞价，没有竞拍者曾赚到过钱，而且我的学员为此总共损失了数万美元。[4] 我曾经将20美元的钞票卖到了400多美元，还将100美元的钞票卖到了1 000多美元。

如果我不是在为他们设置陷阱，又会给参与这场拍卖的竞拍者什么建议呢？战争中也是这样，有时候最佳战略就是袖手旁观。成功的决策者会觉察到在什么情况下不采取行动才是正确的选择。其中的关键在于能够认识到拍卖是一个圈套，并且绝不给出哪怕是一点点的竞价。从更广范围来讲，理性的决策方法是要求我们从其他决策者的角度来考虑问题。在我所进行的100美元钞票拍卖中，这种决策方法会让你认识到，拍卖吸引你，也同样吸引其他竞拍者。知道了这一点，你就能够准确地预知将要发生什么事情并会退出拍卖。

索普拍卖网站的商业计划是对舒比克两人支付式拍卖的一种改良，通过一种更险恶的全支付或者付费竞价模式来重新设计拍卖。索普拍卖网站创建于 2005 年，最初的名称为远程拍卖（Telebid），是一个极富争议的网站，它被指控是一家用非法手段牟利的公司，是一场邪恶的骗局，甚至被称为“在线拍卖网站中的毒瘤”。[5] 2012 年 1 月，它被一家名为易速达（DealDash）的付费竞价拍卖网站兼并。事实上，网络上有很多全支付拍卖网站，它们都在提供各种让人难以置信的交易。这些让人难以置信的交易背后一定有它们存在的理由。许多批评人士认为，这些网站实际上就是供人们赌博的网站，需要受到更严格的政府监管，而全支付拍卖网站都声称它们做的是娱乐业务。

研究人员埃米尔·卡梅尼察（Emir Kamenica）和理查德·塞勒（Richard Thaler）分析了 26 场索普拍卖网的 1 000 美元支票拍卖活动（是的，索普过去经常拍卖现金）。[6] 索普拍卖网平均从每次的 1 000 美元支票拍卖活动中收到 2 452 美元。在 26 场拍卖活动中，只有两场活动的竞拍者确实获利，但是在这些拍卖活动中的其余竞拍者都赔钱了。加州大学伯克利分校经济学家内德·奥格伯里克（Ned Augenblick）预估，平均来说索普拍卖网收到的金额要远远超出其拍卖商品的价值，超出的幅度高达 50%。[7]

我们怎样才能解释在这种拍卖模式中竞拍者所犯的错误？在对 20 美元和 100 美元的钞票进行的两人支付式拍卖中，我也曾在事后与选择出价的高管学员讲过，竞拍者犯了 3 个常见错误。

第一，他们没有遵循换位思考的常规建议。在 100 美元钞票拍卖中，实际上在任何拍卖中，关键是要考虑其他竞拍者的动机。在拍卖活动中，如果考虑到了其他竞拍者，你很快就会打消大赚一笔的念头。

假设在一次付费竞价拍卖活动中，你的计划是做出 30 次竞价来购买一台苹果笔记本电脑，从 20 美元起拍。这就会将购买竞价点数所产生的损失控制在 18 美元范围之内。那么其他竞拍者是怎样计划的呢？如果其他竞拍者也计划从 20 美元起拍的话，他们很可能采取相似的战略。这样，最有可能的结果是你最终不会赢得这台电脑，但是你会让全支付拍卖网站的拍卖底价增加 18 美元。而且，如果监管缺失的话，这可能就成了事实：网站竞拍者会无意或者有意地持续参与竞拍，最终将价格不断抬高，以确保达到网站获利的水平。

第二，那些在拍卖活动中设定好竞拍次数的人，他们的实际竞拍次数通常会超出原先设定的可接受范围。为什么会这样？答案是为了证明他们决定参与拍卖的行为决策是正确的。一旦那些参与我的 20 美元和 100 美元钞票拍卖的高管学员，困扰于第二名竞价最高者也需要支付出价金额的事实，他们就会以继续参与拍卖的形式来逐渐升级其错误行为。当两名或者更多的竞拍者通过这种方式逐渐升级他们的错误行为时，那么竞拍就真的停不下来了。

第三，就像索普拍卖网的竞拍者那样，一旦参与了一次拍卖活动，我们大多数人就会有一种要赢得竞拍的非理性愿望，无论这一愿望会付出多少代价。

正是由于以上 3 种常见错误，我对自己继续扮演拍卖师这一角色抱有乐观态度，而对于那些参与我的拍卖活动和全支付拍卖活动的人，我对他们的结局仍抱有悲观态度。

我们怎样才能够避免沦为拍卖陷阱的下一个受害者？首先，回想一下事情“是否好到了近乎不真实的地步……”。在任何时候，如果你听到某些东西好到了近乎不真实的地步，就应该对此抱有怀疑态度。其次，要意识到正在举办这些拍卖活动的是一家以赢利为目的的公司。为什么这家公司的所有者愿意以 40 美元的低价来拍卖一台苹果笔记本电脑？通过自我提问，竞拍者就能够获得一个额外的线索：“为何这个网站会以如此低的价格售卖这些商品？”我们能够想象一位教授为了达到某种奇特的课堂演示效果而愿意亏点小钱，但这绝不可能是一家以赢利为目的的网站的做事动机。能够立刻想到“它好到了近乎不真实的地步”，这能帮你免于掉入各种陷阱。

别以自己想要的方式看世界

假设你的职业是投资顾问，你的工作内容之一是为你的顾客找到好的投资机会。多年来，你向顾客推荐的一项投资的回报优于市场平均水平，而且风险极低。该基金的业绩多年来保持稳定，即使是在整个市场下滑严重时也是如此。该基金的负责人深受人们的尊重，而且你的客户也对他们所获得的回报表示满意。你能获得的回报是顾客对该基金投资金额的 2%，再加上 20% 的收益分红，这比销售其他投资项目的回报都要高。这听起来怎么样？

我们再来增加一些细节信息。财经专家认为，这种持续大幅领先于市场平均水平，而且波动幅度还很小的基金是不可能存在的。此外，美国证券交易监督委员会已经在多个场合对该基金进行过调查。

哦，对了，操盘这个基金的人，他的名字叫伯纳德·麦道夫。

现在，我们知道在当时销售麦道夫投资基金的公司中，至少有一部分就是骗子，因为它们知道该基金好到了近乎不真实的地步。但还有很多投资顾问从来没有觉察到麦道夫的投资回报有问题，而现在这一点已经毋庸置疑。在过去几十年时间里，麦道夫的大多数投资都来自支线基金（feeder fund），也就是其他投资顾问创立的基金。这些公司向客户吹嘘自己能够接触到麦道夫或者声称他们采用了不同寻常的投资策略，实际上他们什么也没有做，只是把从投资者那里募集到的大量甚至全部资金转交到麦道夫手上。这些销售人员仅仅起到了中间人的作用，但收入不菲。麦道夫做了假账并声称他的投资获得了巨大成功，中间人也已经富得流油。

麦道夫是一名窃贼。他的庞氏骗局造成了巨大损失，抹掉了 648 亿美元的账面利润。但是，那些中间人也是窃贼吗？大量证据表明，许多中间人都预感到了有哪里不对劲，但是缺乏觉察已有证据的动机。让我们再来看一下艾斯国际咨询与市场拓展公司（Access International Advisors and Marketers）的 CEO 德拉维莱切特（René-Thierry Magon de la Villehuchet），他将自己的资金、家族的资金以及欧洲富豪客户的资金都投资到了麦道夫的公司。曾经有人多次警告过德拉维莱切特要当心麦道夫，他也曾收到过大量显示麦道夫的投资回报根本不可信的证据。但是他对这些压倒性证据视而不见，因为他相信麦道夫，也相信可以得到回报。麦道夫自首之后，德拉维莱切特的中间人角色也公之于众，他在纽约的办公室自杀身亡。这一悲剧说明，人们极有可能会忽视他人不道德行为所发出的清晰警示信号。

事实上，没有觉察到麦道夫搞了一个骗局的人还有很多，包括个人投资者（许多人还拥有渊博的财务知识）、大型投资公司和以麦道夫投资为噱头的支线基金。还有许多在以上各种组织中工作的人们，这些人要么拥有 MBA 学位，要么具有高层次商业文凭。另外，还包括美国证券交易监督委员会，它是我们赖以监管麦道夫这类公司的政府机构。尽管存在大量的反常现象、严重的欺诈行为，麦道夫向美国证券交易监督委员会做过前后不一致的说明，还涉及前所未有的资金运作方式和许多来自华尔街的传闻，但是这些人或者组织都没有觉察到麦道夫的犯罪行为。

人们为什么没有觉察到呢？他们许多人只是不想觉察，他们受限于不切实际的正面幻想或者往往以自己想要的方式来看待世界。对那些给麦道夫投资的人来说，不切实际的幻想更是比比皆是。我们也知道，人们难以觉察到他人逐渐发生的不道德行为。因此，当欺诈行为随着时间推移而不断发展，尤其是以一种缓慢的速度发展时，人们就可能无法觉察到类似麦道夫投资回报不可信这样的信息。有太多人急切地想要获得每年 20% 的回报，或者用

40 美元买到一台苹果笔记本电脑，而不是去思考背后那个不可信的承诺。

曾经细心关注过这个新闻事件的人可能还记得，有人确实觉察到麦道夫的投资回报不可能如此之高。独立金融欺诈调查人员哈里·马科波罗斯（Harry Markopolos）曾经数次尝试向美国证券交易监督委员会发出警告，他认为麦道夫所承诺的投资回报绝无可能通过合法途径来实现。[8] 马科波罗斯自己的投资账户就能够清楚地说明，他不知道麦道夫是在操纵一场庞氏骗局，还是在通过其公司为其他投资公司开展清算业务，从事抢先交易（front-running）。抢先交易是一种投资者利用客户信息的内幕交易形式。投资者在大宗交易完成之前就会抢先完成自己的交易，从而从这些交易的未来市场走势中获利。抢先交易是非法行为，但是对麦道夫公司的投资者来说，庞氏骗局会让他们的投资受到损失，但是抢先交易能够让他们从中获利。

从 1999 年到麦道夫被捕，这段时间内，马科波罗斯向美国证券交易监督委员会提出过 5 次警告。他在 2005 年出版的书中，列举出大量的危险信号，同时在附录中提供了他曾经提交给美国证券交易监督委员会的 35 页报告文件。他在书中明确指出，到 2005 年的时候，他认为麦道夫极有可能是在从事一场庞氏骗局，而不是在进行抢先交易。那么，为什么美国证券交易监督委员会没有重视马科波罗斯所提出的警告？

记者黛安娜·B. 亨里克斯（Diana B. Henriques）在其著作《欺诈圣手》（*The Wizard of Lies*）一书中，谈论了马科波罗斯自身的有限认知。马科波罗斯向美国证券交易监督委员会提供的证据没有必要弄得那么复杂，那样顶多是让人更困惑。而且，他的主要目的似乎是要显示他有多聪明，而不是提供指控麦道夫的证据。尽管马科波罗斯的复杂金融分析确实提供了指控麦道夫欺诈行为的证据，但有更简单明了的证据，即麦道夫交易的对手盘。

为了让美国证券交易监督委员会相信其交易的真实性，麦道夫伪造了美国存托与清算公司（Depository Trust and Clearing Corporation）所出具的财务报表，并宣称该公司保留着所有交易的记录。如果马科波罗斯确信麦道夫正在操纵一场庞氏骗局，那么他根本不需要向美国证券交易监督委员会提供一份复杂的专业分析报告，而只需敦促美国证券交易监督委员会致电存托与清算公司，确认麦道夫是否进行了真实的交易。[9] 这样就会让这场庞氏骗局马上大白于天下。而且，有证据表明，麦道夫总是担心自己的欺诈行为会被发现，因为他在存托与清算公司根本没有交易记录。但是，马科波罗斯从未提出过这样的提议，美国证券交易监督委员会也没有想到要致电存托与清算公司。

正是由于马科波罗斯喜欢将事情讲得很复杂，而不是清楚甚至简单地将事情讲明白，他在揭发麦道夫欺诈行为过程中成了一个并不幸运的人物。我们大多数人都理解，当你想要让某人特别关注你手头拥有的信息时，重要的是让这个人有兴趣听你讲话。简单来说就是，赢得别人的欢迎有助于你把事情做成。虽然很明显美国证券交易监督委员会的职员犯下了非常严重的错误，但是似乎他们也不想和马科波罗斯产生任何瓜葛，他们认为他傲慢自大、摆架子、出言不逊。美国证券交易监督委员会的女性职员觉得他还是一位大男子主义者。马科波罗斯在其自传中没有把笔墨放在本应重点讨论的麦道夫欺诈事件上，而是选择了一段他与未婚妻的商谈。他提议给未婚妻做丰胸手术而不是送给她一枚钻戒，这样他们俩就都会喜欢上这一结婚礼物。[10] 他将《无人倾听》（*No One Would Listen*）作为自传的书名，这一点也不让人感到意外。他在人际交往过程中所表现出的缺陷就是亨里克斯所描述的有限认知，这可能也是他无法更早揭露麦道夫欺诈行为的一大原因。

在这个事例中，至少有两条主线需要特别强调。

其一，麦道夫的投资回报高到了近乎不真实的地步，而美国证券交易监督委

员会本应觉察到这一现象。

其二，当你确实觉察到重要信息并想要告诉他人的时候，请换位思考，只有这样，别人才有可能去听你想要传递的信息。

好到近乎不真实，需要进一步判断

在20世纪80年代和90年代，政客通过和抵押贷款机构房利美（Fannie Mae）、房地美（Freddie Mac）合作来提高美国的住房拥有率，主要通过降低贷款标准来实现。[11] 许多支持这一做法的政客，包括比尔·克林顿，出发点都是好的，他们想帮助更多的人拥有自己的住房。这总的来说是一项好政策，只要住房价格保持上涨，但这一预期明显已经好到了近乎不真实的地步。

抵押贷款金融机构直接向公众发售抵押贷款，而房利美和房地美则从这些机构手中收购房贷抵押资产。房利美和房地美是两家奇怪的公司：他们拥有私人股东，但是他们的抵押资产事实上却由美国政府背书。正是因为鼓励购买私有住房是由政府主导的，而且人们认定美国政府会为此提供安全保障，房利美和房地美才能够为股东带来巨额的回报，并能够将大规模无法偿还的抵押贷款所导致的潜在损失转嫁到纳税人的身上。

由于长期以来住房一直是一个良好的投资对象，而且人们越来越容易获得贷款，因此越来越多不太具备贷款资质的人购买了住房。在CEO詹姆斯·约翰逊（James Johnson）的带领下，房利美积极寻找机会修改美国法律，这样房利美和房地美就能够拥有更灵活的运作空间，同时受到更少的监管。通过游说监管部门降低首付要求，詹姆斯·约翰逊进一步点燃了市场的购买热情，减少了放款机构提供抵押贷款所需的调查，并创造了初始利率较低的新型抵押贷款，但这一利率很可能会随着预计时间的推移而上升。宽松的贷款发放审核机制、经过巧妙设计的（次级）抵押贷款、繁杂的抵押贷款文件，以及监管的缺失，这些共同推动着抵押贷款数量的急剧上升。如果住房所有者在生活或工作中发生了变故，将没有能力来偿还贷款。

诸如美国国家金融服务公司（Countrywide Financial）这样的大型抵押贷款金融机构都雇用着数百名负责发放原始贷款的经纪人，拜现行的监管制度所赐，或者说根本就没有任何监管，这些经纪人不要求贷款申请者提供收入证明，也不要求进行独立的贷款信用评估。这些抵押贷款经纪人只要成功地帮助住房购买者完成了购房交易，就可以获得经济奖励。很少有实际的购房者认为抵押贷款经纪人只是为了寻求自身的回报，而是将他们看作为自己提供帮助的人。总部设在佛罗里达州南部的摩根大通家庭金融服务公司（Chase Home Finance）的副总裁詹姆斯·瑟克斯顿（James Theckston）和他的团队在 2007 年放出了 20 亿美元的住房抵押贷款。之后他这样说道："在申请贷款时，你不用填写工作信息，不用出示收入证明，不用出示资产证明文件……但是你仍然会获得贷款。"[12] 得到批准发放的抵押贷款很快就在二级市场进行转售，大部分都被房利美和房地美公司收购，然后与其他类似的抵押贷款一同打包，成了抵押贷款证券（mortgage-backed security）。

投资银行急不可耐地购买这类抵押贷款证券，然后将其进行合并，再以债券形式出售。抵押贷款证券也被称为担保债务凭证（collateralized debt obligation），它通常会根据信用评级机构的评估模型进行相应的结构设计。如同施了魔法一般，高风险的抵押贷款证券就这样摇身一变，成了 AAA 级证券。

购买这些证券的人通常都会投资这样一种保险产品：由美国国际集团（American International Group）等信誉良好的大型公司发行的信用违约互换（credit default swap）。保险公司的交易员在对方没有提供任何抵押物的情况下，欣然发行了价值数百亿美元的信用违约互换。这些公司通过专业手法，将信用违约互换不作为保险产品，所以绕开了需要提供抵押物这一要求。然而，一旦抵押贷款出现大规模违约，他们并没有办法偿还债务。

如果经济繁荣，一切都没有问题。住房购买者受到贷款发放人的垂青，他们可以获得抵押贷款，而这些抵押贷款以前从未发放给资产微薄、收入颇低的个人。整个抵押贷款分销链中的员工，尤其是高管，都获得了可观的报酬。银行、对冲基金和持有抵押贷款证券的公司都为能够获得高于市场平均水平的收益而感到高兴。而且，这些投资者也很高兴能够将风险转移到保险公司身上。他们并没有注意到，一旦抵押贷款市场崩盘，保险公司就会失去偿付损失所需的金融资源。

接着，麻烦就来了。经济受到冲击，住房市场开始崩溃。住房购买者受到失业或者可调整利率抵押贷款到期的影响，无法继续支付抵押贷款，违约数量开始上升。抵押贷款发放者无法将抵押贷款出售给二级市场，导致股票价格大幅下跌。因为很明显，有许多贷款永远都不会全额偿还了，所以投资者手中持有的抵押贷款证券价值暴跌。随着住房价格大幅度下跌，许多房屋的价值还抵不上住房购买者尚未偿还的贷款。

抵押贷款证券的持有者意识到证券价值下跌了，他们希望保险公司，特别是美国国际集团，以信用违约互换为基准来补偿他们的损失。但是，保险公司由于缺乏资金而无法兑现这些赔偿。美国国际集团向美国政府寻求救助，政府不得不介入，因为美国国际集团的问题会威胁整个经济体系，这家公司太大了，以至于美国政府不能让其倒闭。投资银行到现在才意识到，信用违约互换没有为其提供真正的保险，整个体系建立在一套互相依赖、自我服务的幻想之上。

在这一过程中，住房购买者似乎忽视了以下情况：如果出现诸如失业或者经济下行等负面事件，他们并没有能力来偿还抵押贷款，而且次级住房抵押贷款的利率会随着时间的推移而逐渐上升。同时，许多人没有提前考虑，如果最终可能丧失抵押品赎回权，那么他们的生活会受到怎样的影响。许多人失去了他们的住房，并眼睁睁地看着自己所有的积蓄付之东流。

这个事例中所涉及的大多数组织现在的表现都还不错，它们从经济繁荣中获得的利润足以补偿最终的损失。但是这些结果仍然没有回答一个问题：谁应该对这场灾难负责？

美国国会没有尽责，公民没有尽责，尤其是负有监督责任的监管者没有尽责。如果监管者运用“这好到了近乎不真实”的方法，就能在一开始发现问题。如果他们运用“换位思考”方法，就能明白住房购买者和抵押贷款经纪人的行事动机。而且，作为公民，我们一直未能尽责，因为我们没有让自己选举出来的官员为其失职行为担责。

我们为什么没有觉察到重要信息？首先，2008 年的金融危机，其复杂程度远远不是我在这里可以说明白的，要确定这个问题的具体原因很困难。然而，我们确实掌握了必要的信息，知道一场大规模危机即将来临。在数十万人持有抵押贷款，而且一旦发生经济衰退，他们将无力偿还的情况下，相信华尔街可以通过将这些抵押贷款打包转化为相对安全的投资，这种简单逻辑显然是不成立的。依靠保险公司来为这些投资降低风险，这一事实引发了这样一个问题：如果出现巨额损失，保险公司能否负担得起这些费用？它的确没有做到。我们相信这个复杂的系统，但它却辜负了这种信任。

这种信任部分来源于我们以积极的眼光来看待投资和机会，同时也忽视了风险。这种信任另一部分来源于我们往往低估了未来。人们想买一栋好房子，但他们低估了长期的风险。投资者想获得高于市场平均水平的回报，但他们未能考虑真正的风险。媒体一直热衷于各种浅显的新闻报道，甚至可以用 62 段文字对其解释说明，但却不能向它们无法理解的系统提出质疑。

人们可能会这样说，经济崩溃是无法预测的。但是，迈克尔·刘易斯

（Michael Lewis）在其所写的《大空头》（*The Big Short*）一书中，记录了一小部分投资者在金融危机来临之前就已经知道了它的演变路径。但是，告知公众并非他们的分内之事，在金融市场崩溃的过程中，他们做了对手盘并大赚特赚。刘易斯讲述了很多复杂而精彩的案例，但共同点是，这些投资者都注意到了市场上的一种模式，这种模式好到了近乎不真实的地步，基于这种分析，他们做出了投资。

2008年的金融危机非常复杂，让我们来思考一些更简单的事情。每当我见到热衷于股票交易的人，就会问他们：为什么他们认为自己要比交易的另一方了解的信息更多？然而大多数投资者从来没有思考过这个问题，他们反过来问我究竟是什么意思。这里我试着做一下解释。每当一名投资者购买一只股票时，就有其他人在卖这只股票。作为买家，你难道不应该思考一下卖家心里在想什么吗？

当我问投资者，他们为何想购买一家特定公司的股票时，他们往往提到这家公司积极的一面：投资回报和利润创出历史新高，具备增长潜力以及控制着独特的资产。他们往往忽视这一事实：整个市场的人和你一样都知道这家公司的正面信息。而事实上，在大多数情况下，有人比你掌握着更多这家公司的信息。大多数投资者都在支付手续费与卖家进行交易，而卖家要比买家拥有更好、更多的交易信息。我认为，总的来看，这个赌注下得可不怎么样。

应对类似情形的关键在于，提出一些最显而易见的问题。如果一个机会看上去好到了近乎不真实的地步，那么我们就需要做出进一步的判断。我们需要考虑最坏的情况，需要考虑所有相关角色的行为和动机，这将是我在下一章所要论述的主题。

THE POWER OF NOT!C!NG

本章小结

1. 成功的决策者会觉察到在什么情况下不采取行动才是正确的选择。
2. 理性决策要求我们从其他决策者的角度来考虑问题。
3. 人们极有可能会忽视他人不道德行为所发出的清晰警示信号。
4. 当你想要让某人特别关注你手头拥有的信息时，重要的是让这个人有兴趣听你讲话。
5. 卖家要比买家拥有更好、更多的交易信息。

THE POWER OF NOT!C!NG

09

超前思维，至少要超前一步思考

模拟训练 ▶▶▶

在下面的训练中，你将代表 A 公司（收购方），该公司目前正在考虑通过投标报价的方式收购 T 公司（被收购方）。你计划用现金收购 T 公司 100% 的股票，但你不确定报价应该多高。这其中复杂的主要因素在于：T 公司的价值直接取决于它目前正在进行的一个大型石油勘探项目的结果。事实上，T 公司能否存活下来也取决于这个勘探结果。如果这个项目失败了，这家公司就目前的管理经营状况而言将毫无价值，即每股 0 美元。但一旦项目成功，就目前管理经营下的公司而言，股价可能高达每股 100 美元。股票价值在 0 美元和 100 美元之间的所有价位都是可能的。根据所有的情况来估计，该公司如果是在 A 公司的掌控下，其价值将远远高于在目前管理经营下的价值。事实上，无论该公司目前管理经营下的最终价值是多少，其在 A 公司管理下的价值将比在 T 公司原有管理下的价值高出 50%。万一勘探项目失败，那不论是谁来经营这家公司，公司的股票价值都是 0 美元。如果勘探项目成功了，该公司在当前管理经营下会产生每股 50 美元的价值，那么在 A 公司的掌控经营下产生的价值就是每股 75 美元。同样，如果在 T 公司的管理经营下股价为每股 100 美元，也就意味着在 A 公司掌控下每股就是 150 美元，依此类推。

A 公司董事会已经要求你确定收购 T 公司的报价。这一报价必须在钻探项目结果公布之前提出。种种迹象表明，只要报价可以让公司赢利，T 公司很乐意被 A 公司收购。此外，T 公司也希望不惜一切代价，避免被任何其他公司收购。你猜测 T 公司会在勘探结果出来之后、被媒体公布之前决定接受或拒绝你的报价。

因此，你（A 公司）在提交报价时不知道勘探项目的结果，而 T 公司在决定是否接受报价时已经知道结果。此外，只要 A 公司的报价高于当前管理经营下公司的（每股）价值，T 公司就会接受 A 公司的任何报价。

作为 A 公司的代表，每股 0 美元（这等同于根本没有报价）至 150 美元之间的任何价格，都是你会仔细考虑的报价。你愿意每股出价多少来购买 T 公司的股票？

我的投标价格是：每股 _____ 美元。

◀◀◀

在21世纪的第一个10年里，托尼·海沃德（Tony Hayward）不断迈向职业生涯的高峰。1982年，海沃德进入英国石油公司（British Petroleum），担任石油钻井地质学家，之后他稳步晋升，成为英国石油公司高管之一。在此期间，英国石油公司的财务状况非常出色，且被评价为一家积极进取的环保公司，至少对一家石油公司来说是这样。海沃德是公认的最有可能接替英国石油公司CEO约翰·布朗勋爵（Lord John Browne）的人。

然而，在布朗勋爵领导时期，英国石油公司已经面临各种各样的灾难性事件。2005年，德克萨斯城（Texas City）的炼油厂发生爆炸，造成15人死亡，170多人受伤。海沃德在休斯敦的一次市政厅会议上公开批评自己公司的管理层："我们的领导风格过于直接，却不注意听取意见，组织的高层往往没有充分听取来自基层的意见。"[1] 不久之后，布朗勋爵身陷性丑闻，同时他还像克林顿那样，在宣誓就职时撒谎，这让英国石油公司再度面临困境。

这些事加快了挑选新任CEO的进程，英国石油公司于2007年1月12日宣布，由海沃德接替布朗勋爵的职位。海沃德立即成为世上最引人注目的高管之一。他面临着各种困难的挑战，也得到了媒体的密切关注。在2009年斯坦福大学的一次演讲中，海沃德谈到他经营英国石油公司的理念，称公司的"首要目标是为股东创造价值。为了实现这一目标，你必须要照顾到全世界”。[2]

在一个非常困难的行业里领导着一家极具挑战性的公司，这大概是海沃德的事业巅峰了。然后突然之间，他又要面临迄今为止最大的职业挑战：2010 年 4 月 20 日，英国石油公司位于墨西哥湾的“深水地平线”（Deepwater Horizon）钻油平台发生爆炸。爆炸导致 11 人丧生，原油开始以惊人的速度从平台泄漏。很快人们就意识到，这次泄漏事件可能会成为世界历史上最大的生态灾难。墨西哥海湾沿岸的大量工作机会一夜之间消失，许多人的生活变得支离破碎，甚至整个社区遭到毁坏。在最初低估了原油泄漏的影响之后，海沃德又发表了一些非常不合时宜的评论，这使事情变得更加复杂：

- “我们英国石油公司到底做错了什么要遭遇这个局面？”[3]
- “墨西哥海湾是一片非常大的海域，我们公司泄露的石油和之后加入的分散剂的体积相对于整个海域的总体积来说是很小的。”[4]
- “我认为，这场灾难对环境的影响应该是非常小的。”[5]

但是，海沃德迄今为止最严重的错误发言发生在 5 月 30 日，当时他这样告诉记者：

- “没有人比我更想要结束这件事情，我想让我的生活回到正轨。”[6]

哪怕你没有看到他的这一失礼行为，应该也能预测到外界对它的反应吧？没错，媒体和公众很快就大规模地遣责海沃德这种自私无情的言论。

如果海沃德在讲话前多想一步，很可能就不会失言。事实上，这也是他的想法，正如他几天后所说：

> 星期天的时候，我说我想让自己的生活回到正轨，这是一句

伤人、轻率的话。最近读到这个报道时，我自己也感到震惊。我要道歉，特别是向在这场悲剧中丧生的11名遇难者的家属道歉。那些话并不代表我对这场悲剧的感受，当然也不代表英国石油公司员工的心声，他们中有很多人也在海湾地区生活和工作，他们正在竭尽所能把事情做得更好。[7]

2005—2006年期间，我在英国石油公司担任顾问，曾与海沃德共事。他聪明、谨慎，而且很有涵养。我可以保证，通常情况下他总是很体贴。但是由于事先没有考虑清楚言语的失误，他的生活发生了永久性变化。他对此次事件的道歉来得太晚，6月8日，奥巴马总统声称："海沃德在发表这些言论之后，不再适合为我工作。"[8]在多方压力之下，6月18日，英国石油公司董事会主席表示，海沃德将不再参与该公司在海湾地区的工作。7月，英国石油公司宣布解除海沃德的职务。

这次原油泄漏发生时，海沃德承受的压力很大。他正处于多重危机之中，很可能睡眠严重不足。但他所要做的只是在发言前先想一想，媒体、遇难者亲属、新失业人员以及我们这些观察人员，听到一位薪酬丰厚的石油公司负责人说他"希望危机赶快结束，这样才能回归正常生活"的言论后会有什么样的反应。正因为他是一家身陷危机的公司的CEO，所以他更有责任去多想一步，甚至好几步。

事实上，我们大多数人在说话和行动之前，都做不到超前一步思考，这就让我们无法超越当下的各种限制，不会预测未来将要发生的事情。同样，许多组织也做不到多想一步。例如，2012年初，参与乳腺癌预防和治疗的非营利性组织苏珊·科曼基金会（Susan G. Komen for the Cure），它所做出的重要决策更加强调了组织和个人多想一步的重要性。[9]

你很可能也认识一些朋友，他们参加过苏珊·科曼基金会组织的防治乳腺癌慈善竞跑活动（Komen Foundation’s Race for the Cure），或者赞助过为乳腺癌研究和治疗筹集资金而举办的徒步远行活动。这个基金会是世界上最成功的疾病宣传组织之一，它的“粉红丝带象征着抗击乳腺癌”的行动引起了众多关注。直到 2012 年，基金会几乎没有任何反对者。

基金会的部分业务集中在乳腺癌筛查和相关教育项目，这些项目由许多不同的医疗保健机构管理。它的其中一个服务供应商是计划生育协会（Planned Parenthood），这是一个向妇女提供低成本保健服务的非营利性机构。正如大家所知，计划生育协会之所以引发极大的争议，是因为它除了提供许多保健服务外，还提供堕胎服务。对于许多妇女，尤其是缺乏医疗保险和负担不起医疗保健费用的妇女来说，计划生育协会是她们获得医疗资源的主要渠道。每年，计划生育协会为超过 75 万名妇女提供乳房检查服务，并在必要时为那些贫困妇女提供乳房 X 光检查和超声波检查等进一步诊断的费用。

2012 年 1 月 31 日，有报道称，在所谓的政治压力下，苏珊 · 科曼基金会悄悄切断了每年向计划生育协会提供的大约 70 万美元的经费，这些经费主要用于乳腺癌筛查和相关教育项目。基金会的发言人声称，此项决定背后的主要原因是，他们实施了一项新规定，禁止给予正在接受地方、州或联邦当局调查的组织资助。因为当时计划生育协会的确受到佛罗里达州共和党众议员克利夫 · 斯特恩（Cliff Stearns）的调查，因此根据这一规定，计划生育协会可以说没有资格再获得资助。但是，这个调查被广泛认为是出于政治动机。斯特恩声称，他的目的是确保计划生育协会不会非法使用政府资源为妇女提供堕胎服务。主张人工流产合法化的倡导者认为，计划生育协会已经证明不会使用政府资金提供堕胎服务，而斯特恩的调查行动只是为了扰乱这个支持堕胎权的组织。苏珊 · 科曼基金会的 CEO 南希 · 布林克尔（Nancy Brinker）否认了他们停止资助计划生育协会有任何的政治动机。然而，基金会的董事会成员约翰 · 拉菲尔利（John Raffaelli）告诉《纽约时报》，这一决定的根源是出于政治原因，高管层希望将计划生育协会从基金会中除名。[10] 据推测，苏珊·科曼基金会的这一决定来自卡伦·汉德尔（Karen Handel），他于 2011 年 4 月被任命为基金会公共政策高级副总裁。汉德尔一直反对堕胎政策，他曾在 2010 年竞选佐治亚州州长，虽然竞选失败，但是竞选期间他承诺会取消对计划生育协会的资助。

根据目前我所提供的这些信息，各位能够预测到接下来会发生什么吗？苏珊·科曼基金会的关键利益相关者被激怒，组织的声誉受到重大打击，基金会支持的各项事业也受到了影响。几天之内，基金会的众多捐助者对这一决定提出了抗议，并威胁要切断他们的捐赠资金。基金会的 7 个加州分支机构都发表声明，表示反对总部的决定。26 名美国参议员对这一决定提出了批评，并敦促基金会重新考虑这件事。为了表示支持，计划生育协会得到的捐款数额猛增。纽约市市长迈克尔·布隆伯格（Michael Bloomberg）也指出，这一决定是对妇女健康的威胁；同时以个人名义向计划生育协会捐款 25 万美元，用来弥补该组织失去的资金捐助。

撇开政治不谈，从本书的角度来看，公众的所有愤怒情绪都是可以被苏珊·科曼基金会的领导层事先预料到的。虽然其中一些人可能有着强烈的反堕胎信念，但他们本应意识到基金会的利益相关者和计划生育协会存在着组织上的重叠，但显然他们并没有认识到这一点。在 YouTube 网站推送的一段视频中，基金会 CEO 布林克尔慷慨陈词，试图平息越来越多的批评，恢复组织的声誉，但是没有什么成效。

在基金会首次发出声明的 3 天后，它改变了立场，表示将继续支持和资助计划生育协会。4 天后，汉德尔递交了辞呈。面对公众的质疑，基金会出面道歉。但是，对于一个一夜之间像野火般蔓延的有组织的抗议活动，道歉来得太晚了。《纽约时报》评论说，基金会这项举动可以说是背叛了它的使命，让自己遭受了严重的、可能还是致命的创伤。[11]

在短短几天的时间里，从苏珊·科曼基金会公开撤销对计划生育协会的资助到宣布恢复资助，这个过程不仅使妇女的健康权益受损，而且基金会对自己的声誉造成了极大伤害。为什么会这样？因为该组织的关键领导者没有提前多想一步，也没有预料到这一决策可能产生的后果。

在英国石油公司和苏珊·科曼基金会的事件中，领导者未能超前一步思考，因为他们没有考虑到公众会对媒体的报道做出怎样的反应。但是对我们所有人而言，即使不会受到媒体的密切关注，在采取行动之前也最好先想一下，其他人将会对我们考虑采取的行动做出怎样的反应。

预测决策可能产生的后果

1966—1967 年，乔治·阿克洛夫（George Akerlof）在加州大学伯克利分校担任经济学系助理教授期间，写了一篇 13 页的题目为《柠檬市场》的论文。[12] 他的这篇文章遭到了 3 家学术期刊的拒绝，之后被第 4 家期刊录用，并于 1970 年发表。2001 年，阿克洛夫因这篇经典论文而获得诺贝尔奖。阿克洛夫说，《柠檬市场》想要阐释的是一个非常简单的观点："如果他想卖掉那匹马，那我真的想买吗？"[13] 从本质上讲，阿克洛夫认为，商品的潜在买主应该考虑卖方的动机，并根据卖方的交易意愿做出推论。正如我在前文中所建议的那样，买方最好站在卖方的立场上。当卖方比买方拥有更多的信息时，这一点尤为重要。

阿克洛夫在这篇经典论文中提出一个抽象的经济模型，正如论文标题所示，他用二手车市场来说明这一点。他的观点简单阐述起来就是：市场上有好的二手车和差的二手车（"柠檬"）。汽车质量差异由卖方的驾驶风格、维护水平和是否发生过事故等因素决定，而这些因素是特定买方无法觉察或轻易确定的。

设想一下，一个买主正在检查一部二手车，但是他不知道它是好车还是“柠檬”。这辆车的质量究竟有多好呢？也许他估计这辆车的质量也就是一般，因此他愿意支付一辆普通质量汽车的价格。假设许多二手车购买者做出类似的评估，那么让我们来考虑一下拥有那些经过精心维护、没有任何故障的高质量二手车的车主们会遇到什么情况？他们无法获得汽车的公平市场价值。如果再进一步分析，我们可以预期，很多拥有好车的车主不愿意把他们的车投入市场；取而代之的是，他们会保留自己的车，把车交给家人，等等。

因此，好的汽车退出公开市场就降低了市场上现有二手汽车的平均质量。由于买家也意识到了这一点，因此他们愿意支付的预期价格也会变得更低。反过来，这又让拥有中等质量汽车的车主不再能够获得公平的价格，他们的汽车也退出了市场。这种质量下降的趋势一直会持续到只有“柠檬”进入市场。阿克洛夫的模型假设了一个相对不了解情况的买家，而忽略了认证、检验等其他角色的辅助作用。不过，他的见解阐明了，为什么你把新车开出停车场时，它就会大幅贬值。谁会想要去接手一辆刚购买几分钟、几天甚至几周就要出售的车？如果有人想向你出售这样一辆车，你肯定会奇怪：“他们为什么要卖车呢？”

阿克洛夫的这篇论文假设二手车购买者对汽车了解不足，但由于信息不对称，买方会理性地思考他们究竟愿意支付什么样的价格。也就是说，实际上卖方比他们更了解汽车的质量。虽然买家对于某些状况的确很疑惑，但在许多其他情况下，我们大多数人往往相当天真。由于我们大多数人未能提前多想一步，这促使政府通过立法来保障买方的权益。阿克洛夫的论文发表 5 年之后，美国政府颁布了一项联邦“柠檬法”《马格努森–莫斯保修法》（*Magnuson-Moss Warranty Act*），旨在保护各州二手车购买者的权益。

根据阿克洛夫对二手车问题的抽象描述，我和威廉·F. 塞缪尔森（William F. Samuelson）曾撰文谈论一个有关决策的问题，强调了信息不对称给买家带来的挑战。[14] 如果你之前没有碰到过此类问题，现在可以仔细考虑一下你愿意出一个什么样的价格。

提前考虑他人的决定

本章开篇的“收购公司”模拟训练的问题类似于阿克洛夫对“柠檬问题”的抽象表述，买方所要面临的挑战都差不多，包括以下事实：

- 买方不知道公司的价值；他只知道在目前的管理经营状况下，在每股 0 美元至 100 美元之间的任何价格都是有可能的。
- 无论卖方认为公司的价值是多少，对买方来说，其价值都是它的 1.5 倍。
- 买方必须通过分析仅有的这些信息来给出报价，但是卖方在接受或拒绝报价时就会知道公司确切的真实价值。

由于 T 公司对买方的价值比对卖方的价值高 50%，因此进行交易似乎是合理的。然而，尽管事情看似相当简单，但对这个问题的理性分析并不是非常直观。如果没有提前多想一步，即使是对那些非常聪明的人来说，问题也是一样无解。

这个问题我问过许多公司高层的成功人士，包括许多企业的 CEO、会计师事务所合伙人和银行投资家，最常见的答案是在每股 50 美元到 75 美元之间。这些答案这么常见是因为人们在认知过程中过于天真：“平均而言，目标公司的价值为 50 美元，对收购方的价值则为 75 美元。因此，在这一范围内的交易对双方来说都是有利可图的。”

如果卖方也和买方一样，对公司价值的信息是有限认知的，那么这个逻辑或将是合理的。但是，问题在于，卖方在接受或拒绝你的报价之前就会知道公司的真正价值。

现在让我们更深入认识这一事实：卖方知道公司的真正价值，而你不知道。现在我们来理性思考一下出价每股 60 美元的决定是否合理，过程如下：

> 如果我每股出价 60 美元，只要公司的价值在每股 0 美元到 60 美元之间，这个报价被接受的概率就是 60%。一般来说，既然在每股 0~60 美元的所有价格出现的概率都是一样的，当卖方接受每股 60 美元的报价时，目标公司的平均每股价值对卖方来说是 30 美元，而对买方来说就是每股 45 美元。那么就买方而言，60 美元的收购报价导致了每股损失 15 美元（60 美元减去 45 美元）。因此，每股 60 美元的报价是不明智的。[15]

请注意，任何一种报价也都适用于这一推理分析。一般来说，在卖方接受报价时，买方获得的公司价值都会比报价低 25%。如果买方每股出价 X 美元（在我们分析问题时，用你的报价替换 X 美元），且卖方接受，那么公司的当前价值就应该在每股 0 美元到 X 美元之间。由于这个问题得到了清楚的阐释，在该范围内的任何价格出现的概率都是一样的，因此报价的预期值等于 X 美元除以 2。由于目标企业的价值对买方的而言高出 50%，因此买方的预期价值为 1.5X 美元 /2=0.75X 美元，也就是说买方只获得了报价的 75% 的价值而已。因此，不管 X 的价值是多少，买方所能采用的最佳策略就是不要报价（每股 0 美元）。

是的，通过向公司报价收购很可能会赚钱，但是赔钱的概率也很大。赔钱的可能性大概是赚钱的两倍。“收购一家公司”问题的矛盾之处在于，尽管在所有情况下这家公司对买方来说比对卖方更有价值，但是任何高于每股 0 美元的报价都会给买方带来负预期回报。这种矛盾的根源在于，当公司的实际价值低于收购报价的时候，卖方才会接受报价。也就是说，当目标公司是一个“柠檬”的时候，交易才会达成。

这个问题的答案是如此违反直觉，以至于即使研究人员实行奖金鼓励，同样的错误模式也会一再出现。如果你养成了超前一步思考的习惯，就会有遵循这个逻辑的分析能力，做出每股 0 美元的最优报价。然而，在没有这一逻辑帮助的情况下，大多数人都会给出实际的报价。他们经常会将现有的信息排除在做决策的过程之外，即只有卖方才有权获得某些信息，而买方并不知道。就像那些在没有独立鉴定能力的情况下购买昂贵珠宝的人、只凭银行评估的价值就购买外地房产的购房者，或者并购市场上的收购者那样，大多数竞购者忽略了信息不对称因素可能对他们产生的负面影响。买方未能认识到成交的结果取决于卖方是否接受，而卖方接受的情况最有可能发生在报价对买方自身最不利的时候。

在将“收购一家公司”这个议题公开发表几年之后，我于 1985 年进入西北大学凯洛格管理学院任教。我在凯洛格管理学院的新同事罗杰·迈尔森（Roger Myerson）是世界上最优秀的博弈论学家之一，后来他获得了诺贝尔经济学奖。在那个时代，博弈论学者专注于分析竞争环境中理性行为者的行为，并对如何思考其他各方的决策提出了重要的见解。依照他们所设定的模型，许多博弈论者在很大程度上相信人类的行为是理性的。在研究工作中，他们强调了在计划下一步该做什么的时候提前考虑他人决定的重要性。

“收购一家公司”这个议题提供了相当令人信服的证据，然而至少在某些情况下，实际上，人们并不能多想一步，甚至很多行为都不是那么理性。大约是在人们普遍知道所有人都倾向于不合理行为的 10 年之前，那时我并不确定传统的博弈论者会有怎样的反应。但是，迈尔森似乎非常认同我们得出的结果。当我问他，博弈论所预测的核心内容可能会遭受这个结果的反驳，为什么他没有受到困扰。他解释说，他从来没有深信博弈论对人类行为的描述一定是正确的，但他仍然坚信博弈论对于行为的引导和指示具有规范性价值。为什么呢？因为博弈论强调了多想一步或很多步的重要性。

迈尔森认为，读 MBA 的学生和高管在课程中对博弈论的接触太少，而“收购一家公司”的问题的结果正好完全暴露了这一事实。我认为他是对的，因为直觉会使我们误入歧途，所以我们需要被引导去思考他人的决定，更广泛地说，至少要超前一步思考。博弈论实际上正是鼓励我们做到这一点。

“收购一家公司”这个议题使我们认识到要接受更系统的分析，而不是靠直觉。我们再一次看到依靠直觉思考，也就是第一套思维系统的严重局限性。虽然我们面对问题会自动依赖简化的工具，但我们也具备理性的思考能力，即第二套思维系统，用这种能力就可以更充分地预测其他人的决策，并找到最佳响应方式。

超前一步思考的负面影响

想象一下你和 3 个旅伴刚刚抵达英国曼彻斯特机场，你们的计划是乘出租车去当地火车站，然后坐火车去伦敦。在这个情境中，你已经有了去伦敦的火车票，伦敦位于曼彻斯特以南，距离约 322 公里。当你们走近出租车站点时，一群司机坐在那里聊天。司机们似乎彼此都很熟悉。你告诉领头的出租车司机，你们需要搭一小段路去火车站。这个司机的一位同事告诉你们，铁路工人正在罢工，领头的出租车司机建议你们 4 人可以搭出租车去伦敦，车费为 300 英镑（在当时大约是 600 美元）。你接受这个建议吗？你是准备和他讨价还价，还是要采取其他行动？

我相信，我通常很擅长实施我所写的这些想法，例如决策和谈判，但写这本书的出发点却是对我自身的一个弱点的探索：我不擅长觉察。我正在努力地提升自己的觉察力，在几件事情上还取得了成功，而这次在曼彻斯特的事情也是我少有的一次成功事例。

站在曼彻斯特机场外的人行道上，我觉得自己陷入了困境。我们可以接受这个提议，也可以讨价还价，争取更低的价格，但是这两种行动事后都有可能发现罢工的情况其实是不存在的。我可以跑到机场问讯处询问一下是否真的发生了铁路罢工，但是如果关于罢工的说法是真的，我再回到出租车站就会感到很尴尬。

没有时间考虑了，我对妻子马拉说："先别让他装行李。"我跑进机场，来到问讯处，迅速问了一下工作人员是否真的有铁路罢工。然后，我飞奔回出租车站，我把马拉和我们的两个朋友拉到一边，告诉他们没有罢工，司机的说法是一个骗局。

事后看来，我做出了正确的决定，但我是怎么觉察到这些信息可疑呢？我认为这一章中的一些观点有助于解答这个问题。我意识到我需要的信息离自己只有 30 米远。我了解出租车司机的动机：可以得到去伦敦的昂贵车费。而且，我关注的不仅仅是如何到达伦敦的问题。

这件事看起来处理得不错，但我应该指出，当我跑回机场时，我也在担忧我对出租车司机说法的怀疑。如果我错了呢？我对当时情况的分析中是否存有偏差？如果司机是诚实的，实际上是想帮忙，我的怀疑可能会非常令人尴尬。考虑到司机之间的友谊和他们共同的种族背景，他们也许会对我的这种怀疑产生严重的不满；如果最后我们只能搭出租车到伦敦，那么我们很有可能被这些司机拒载。然而幸运的是，我的怀疑是对的。

在日常生活中，有时候我们的确会提前多想一步，而且是抱着怀疑的态度做的，但问题是我们可能过于疑神疑鬼了。谈判者常常需要在信任或者怀疑对方的动机之间做出选择。如果过于信任对方，那你就是个笨蛋；而太不信任对方，你可能会错失良机，无法建立起重要的职业关系。在生活中，我可能过于多疑了。虽然我正确解决了出租车的问题，但我相信由于自己的多疑，肯定也错过了许多宝贵的机会。

研究表明，这样的人并不是只有我。下面这个买卖双方之间的"隐藏纸牌游戏"采用的是阿里尔·鲁宾斯坦（Ariel Rubinstein）的方法，这是我和同事埃亚勒·埃特（Eyal Ert）和斯蒂芬妮·克里里（Stephanie Creary）一起进行的研究。

> 有一副共100张的纸牌，上面写着以1美元为增量单位的介于1美元和100美元之间的所有数值。卖方先从牌桌上随机抽取两张牌，然后把其中价值比较低的牌的数值告知买方，由买方决定是否以100美元的固定成本从卖方手里购买这两张牌。买方所获得的金额是两张牌价值的总和。如果买方购买这些牌，卖方将得到一笔10美元的固定金额的奖励。因此，不管牌的价值如何，只要把它销售出去，卖方就可以获得收益。另一方面，当两张牌的价值总和超过100美元时，买方才有利可图。[16]

如果你想多玩几轮这个游戏，并且你的目标是让你的平均回报最大化（这一概念被称为"期望值最大化"），那么只要较低的纸牌价值超过33美元，就应该买这些牌。你知道为什么吗？如果价值最低的纸牌是34美元的话，另一张纸牌的价值必然是在35和100美元之间，而这个范围之间的每张牌出现的概率是相同的。这就会让两张纸牌的价值总和在69美元到134美元之间，同样，所有价值的牌出现的概率都是相同的，那么预期价值就是101.50美元。

我们的研究分析了买方在看到数值较低的牌为40美元时的反应，这使得两张牌的价值总和在 81 美元到 140 美元之间的可能性相等，这意味着预期价值为 110.5 美元。假设卖方是一台电脑，它与潜在买方的交易完全自动化，双方没有任何沟通机会。而作为买方，你所知道的信息只是两张牌中较低的一张价值为 40 美元。根据刚才提出的算法，如果你感觉风险是中性的，你就会购买这两张纸牌。

现在重新设定这个问题，卖方是真人，并且买卖双方有机会通过电子邮件互动沟通。作为买方，在决定是否购买之前，你是喜欢与真人卖方现场交谈呢，还是不需要获取任何其他信息，直接与电脑卖家做交易？大多数人更喜欢与真人卖家互动。但是，你可能需要慎重考虑与真人互动时所产生的信息的价值。

在我们的研究中，卖方从电脑转变为真人以后，买方的接受率显著下降。在电脑扮演卖方的时候，78% 的人根据预期价值最大化做了决定，来购买这两张牌。而换作真人扮演卖方的时候，只有不到一半（45%）的人做出了购买纸牌的决定。买卖双方之间的沟通使潜在买方对卖方的主张持怀疑的态度，以致他们对那张隐藏的牌的价值做出了最糟糕的估计。在双方的电子邮件讨论中，买方的邮件会出现以下言论："我认为你在说谎。""好吧，是的，那我为什么要相信你？"总体来说，买方的怀疑反而带来了不利的后果。买方最好表现得像是在和电脑打交道，计算数字，并且接受一个不确定的结果，即当数值较低的牌为 40 美元时，接受交易。

具有讽刺意味的是，卖方以为与买方沟通有助于达成交易。但是他们错了：买卖双方的沟通会导致买方的怀疑。

那么，你应该相信还是怀疑？许多人可能会选择其中之一来回答，但是我的观点是这两个回答都是错的。我的答案是"视情况而定"，尤其取决于超前一步思考得知的信息。先想一步，你就能知道什么时候该相信别人，什么时候该怀疑。明智的做法是，仔细考虑对方的决定和动机，这样你就能从他的角度理解问题的本质。先想一步可以帮助你确定什么时候有理由信任，什么时候有理由怀疑。尽管我们不一定会在所有情况下信任所有人，但是也不必因为你是在和一个人而非一台电脑打交道，就一定要抱有怀疑的态度。在某些情况下，通过收集额外的信息来验证我们的直觉，并不会让我们付出更多的代价，但是这一点很多人经常做不到。各位的目标应该是在不妨碍建立信任的前提下，了解他人的策略和行为。

THE POWER OF NOT!C!NG

本章小结

1. 买方最好站在卖方的立场上考虑问题。当卖方比买方拥有更多的信息时，这一点尤为重要。
2. 在计划下一步该做什么的时候提前考虑他人的决定。
3. 买方未能认识到成交的结果取决于卖方是否接受，而卖方接受的情况最有可能发生在报价对买方自身最不利的时候。
4. 谈判者常常需要在信任或者怀疑对方的动机之间做出选择。如果过于信任对方，那你就是个笨蛋；而太不信任对方，你可能会错失良机，无法建立起重要的职业关系。
5. 先想一步，你就能知道什么时候该相信别人，什么时候该怀疑。

THE POWER OF NOT!C!NG

10

间接效应，觉察间接影响

模拟训练

一家大型制药公司X公司有一种抗癌药物，但是赚取的利润却是最低限度的。这一药物的固定成本很高，而且市场有限。但是，使用这种药物的患者确实很需要它。这家制药公司的生产成本是每粒2.50美元（包括所有成本在内），但仅以每粒3美元的价格销售。

如果你是X公司的高管，是会卖掉这款药的专利，还是直接涨价？

假设发生了两起火灾事故：第一起发生在政府监管不力的第三世界国家，一家制衣厂被烧毁，造成超过 150 名受雇妇女和儿童丧生。事实很明显，这个工厂的老板一直吝啬于安全投资，这造成工厂的安全设施未能达到最低安全标准。第二起火灾起因是一名住在郊区的父亲随手丢弃了烟头，然后他给割草机加油，而烟头离得太近，点燃了汽油，火苗瞬间烧入油桶引发了油罐爆炸。谁要为这些意外死亡负责？

间接影响往往被人忽略

让我们转移一下注意力。如果你住在美国，可能至少在沃尔玛购物过一两次，也可能知道“每日低价”的标语。你有没有想过沃尔玛的每日低价与产品安全之间的联系，或者每日低价与制造商品的供应商的员工安全之间的联系？如果你没想过这个问题，也不需要觉得尴尬。大多数人不会考虑间接行为所造成的伤害，也就是间接伤害他人的行为，比如说购买低价产品，这个低价产品的生产商可能会因此而降低安全生产标准。也许当你掌握了更多的数据以后，就会认识到间接行为的伤害了。

美国闪电战油桶公司（Blitz USA）曾一度是美国最大的油桶制造商，约占全美油桶市场份额的 80%。2006 年 7 月，闪电战油桶公司董事长赛·安伯格（Cy Elmburg）证实，他曾致信沃尔玛 CEO，要求沃尔玛参与美国消费者意识运动，旨在保护消费者免受油桶爆炸的伤害。安伯格认为这件事应该获得沃尔玛的支持与合作，因为由闪电战油桶公司生产并通过沃尔玛销售的油桶已经造成了数十起爆炸事件，一些消费者严重烧伤，甚至死亡。而在该公司与沃尔玛签订的合同中规定，沃尔玛所销售的产品产生的任何财务或法律责任，必须由供应商自行承担。安伯格认为，沃尔玛规模很大且是购物的实际发生地，它有能力来影响消费者，而这正是闪电战油桶公司无法做到的。但是也许是因为沃尔玛不用承担法律责任，所以它对安伯格的提议没有采取任何行动。油桶爆炸事件仍在不断发生。

美国闪电战油桶公司生产的油桶的主要问题是，当把汽油从罐中倒出时，挥发的汽油蒸汽可能会被灰烬或其他火源引燃，火苗会向上蹿至罐中并造成爆炸。[1] 类似这样的案件发生了数十起，给闪电战油桶公司带来了大量诉讼案件。一名闪电战油桶公司的前员工曾做证说，闪电战油桶公司曾向沃尔玛提交过一个改良的油桶设计方案，该方案是给油桶安装一个“避雷器”装置，这个装置可以防止因火苗蹿入油桶而造成爆炸。每个油桶增加这个装置的成本在 80 美分至 1 美元之间。[2] 根据这一证词，沃尔玛以此举会提高价格为由断然拒绝了闪电战油桶公司的设计。由于沃尔玛不接受这种改良产品，所以产品无法在全国范围内销售，闪电战油桶公司也被迫停止了这一改良设计。

在沃尔玛向客户提供“每日低价”的政策背后是，确保产品的成本也每日最低的策略。沃尔玛给采购人员的指导方针就是实现低成本，这是采购人员时刻都要牢记的座右铭。[3] 从法庭证词提供的大量证据来看，沃尔玛对供应商施加了极端的价格压力。这种压力转化到供应商那里，供应商会意识到，在产品中添加常识性安全装置可能会导致沃尔玛拒绝采购这个产品，正如闪电战油桶公司所遇到的问题那样。我的妻子马拉·费尔凯尔就是一位产品安全专家，她致力于提高进入市场的产品的安全性，并对市面上为何充斥着不安全产品有着深入的研究。她在 2002 年曾写道：

> 作为全球最大的零售商和全美最大的玩具销售商，沃尔玛应该充分发挥带头作用，确保我们为孩子们购买的产品是安全的。但是该公司并不要求玩具、婴儿车、宝宝椅或其他儿童产品的制造商在这些产品进入沃尔玛货架之前，证明这些产品是安全的。沃尔玛作为零售商灵活运用了市场力量，向制造商施以巨大的压力，坚持要求制造商削减成本……零售商应该利用这种影响力，在要求供应商削减成本的同时，坚持要求制造商对产品进行安全测试。沃尔玛的第一步应该是要求儿童产品制造商证明他们的产品安全性，而且要通过真正独立的第三方进行安全测试，证明其产品符合明确的安全标准。作为全球最大的零售商，率先在产品安全问题上采取积极的立场，必定会为其他零售商树立良好的典范。沃尔玛应该成为解决方案的一部分，而不是问题的一部分。[4]

然而 10 多年之后，沃尔玛不仅未能在产品安全方面发挥主导作用，而且从闪电战油桶公司案例来看，情况几乎没有变化。

由于油桶爆炸带来的高额法律诉讼费用和与诉讼案的原告达成的和解费用，闪电战油桶公司破产了。因此，许多原告将注意力转移到沃尔玛身上，他们控诉这家零售商也是造成爆炸伤亡的因素。由于沃尔玛出售的不安全油桶涉及不止一家公司，到底由谁来负这个责任呢？

要在油桶爆炸案件中找出主要的责任方，一种合乎逻辑的策略是采用排除法。假设其中一个动因不存在，那么可能产生的结果是什么？假设在过去的这些年中，闪电战油桶公司并不存在，沃尔玛会销售一个没有避雷器的油桶吗？如果没有闪电战油桶公司，沃尔玛会不会就安全使用油桶展开有效的宣传活动？我的估计是，闪电战油桶公司将会被另一家油桶制造商替代，沃尔玛不会参与安全宣传活动，在沃尔玛销售的那些油桶在安全方面也不会有什么不同。

我们可以假设另一种相反的事实，即沃尔玛公司在此期间并不存在。闪电战油桶公司会不会制造出一个更安全的油桶卖给其他销售商呢？基于闪电战油桶公司的行为，有证据表明它的确是想改善和提高其油桶的安全性的。因此，闪电战公司很可能会让更加安全的油桶进入市场。

对这两种相反情况的比较分析表明，沃尔玛是向消费者出售不安全油桶的驱动力。虽然我相信这个分析是正确的，但沃尔玛尚未在任何此类产品责任诉讼中被判有罪。

沃尔玛对于安全性的间接影响在 2012 年孟加拉国服装厂火灾事故中可以体现，这一次涉及的是沃尔玛所售产品的制造商的安全。2012 年 11 月 24 日，孟加拉国首都达卡的塔兹琳时装厂（Tazreen Fashions）发生火灾，导致至少 117 人死亡，200 多人受伤，这成为孟加拉国历史上最严重的工厂火灾。事后调查显示，该工厂的安全防护措施竟没有一项是达标的。

到底谁应该承担这个责任？是工厂的负责人，还是零售商？之所以提到零售商，是因为如果工厂工人有合理的安全保障，那么工厂就无法生产出符合零售商价格要求的产品。

让我们回顾一下，大约在火灾发生前一年半，这家服装制造商与包括盖璞公司（Gap）、塔吉特公司（Target）和杰西潘尼公司（JCPenney）在内的十几家西方零售商之间的互动情况。

> 2011 年 4 月，在孟加拉国首都达卡举行的会议上，零售商讨论了一份关于合约强制条款的备忘录，这要求他们向孟加拉国工

> 厂提供足够高的价格，以支付安全改进的费用。但是，据出席会议的清洁成衣运动组织（Clean Clothes Campaign）的国际协调员泽尔登吕斯特（Ineke Zeldenrust）所说，沃尔玛道德采购部门总监斯里维·卡拉瓦－科拉努（Sridevi Kalava-kolanu）当场告诉与会者，沃尔玛公司不会分担这些成本。彭博新闻社获得的会议纪要中的一份报告也显示，卡拉瓦－科拉努和盖璞公司的主管均一再重申他们公司的立场。[5]

我并非是要宣告为了赚取更大利润而使用不安全设施的工厂老板无罪，但是就像“油桶案件”一样，问题的根源在于沃尔玛和其他零售商的价格压力，这可能导致油桶生产商和这些工厂老板做出不顾生产安全的决定。这种情况在很多国家的产品生产过程中都会不断出现。

如果一家公司拒绝接受由于生产更安全的产品而导致的价格上涨，拒绝对消费者进行产品安全教育，拒绝支付用于工厂安全生产的额外费用，那么它就是造成伤害的因素。但正如我们将在本章中看到的那样，当这些企业是造成伤害的间接原因时，人们无法追究其责任。顾名思义，间接伤害往往被人忽略，不管是制造商、零售商还是消费者，都很难觉察到。

间接行为者负有更大责任

20 世纪 90 年代初，路易斯安那州风湿病专家拉迪斯拉斯·拉扎罗四世（Ladislas Lazaro IV）告诉《纽约时报》，他在治疗痛风患者的时候，偶尔会开出一种用于抗炎的药物——促肾上腺皮质激素注射剂（H.P. Acthar Gel）。当时，这么一瓶 5 毫升的药会花费病人 50 美元。后来，这种药从市场上消失了一段时间，拉扎罗或多或少忘记了这种药。然而，当它再次上市的时候，价格却上涨了很多。你认为这种药现在值多少钱？我想你在听到我说这种药的价格涨了很多以后，会觉得我夸大了事实。但是，你能想象得到吗，就是这样 5 毫升的一小瓶药现在售价将近 2.8 万美元。[6]

我曾经在很多制药公司担任过顾问，并认为制药公司在开发新药以维护我们健康的同时，赚取适当的利润是应该的。但是我觉得这个数字太惊人了。一瓶 50 美元的药是怎样涨到 2.8 万美元的呢？

撇开药品价格的极端上涨不谈，这种罕用药（orphan drugs）的发展模式出乎意料地普遍，罕用药主要是指用来治疗罕见疾病的特殊药物，因此生产量很小。这种特殊的罕用药最初由罗纳–普朗克制药公司（Rhône-Poulenc）生产并出售，该公司在一次企业兼并后改名为安万特公司（Aventis）。因为媒体对大型药品生产商的一举一动都非常关注，所以安万特公司会在一定程度上限制药品价格大幅上涨。由于促肾上腺皮质激素注射剂在安万特公司的销售额每年仅有 50 万美元，于是它就把这种药物的知识产权以 10 万美元外加利润分成的价格卖给了奎斯特克制药公司（Questcor），这是一家规模比较小的制药公司。由于公司规模较小，奎斯特克制药公司没有太多的品牌形象需要维护，也不像安万特公司那样备受媒体、公众和罕用药购买者的关注。奎斯特克制药公司立即将 5 毫升一瓶的促肾上腺皮质激素注射剂的价格提高到了 700 美元，并在随后的 10 年中不断提价，直至药价飙升至 2.8 万美元。在奎斯特克制药公司接手了促肾上腺皮质激素注射剂的销售权后，这种药品就被营销成一种特效药，可以治疗一系列疾病，包括多发性硬化症，但没有证据表明它在治疗这些病症方面比其他便宜得多的药物更有效。奎斯特克制药公司 CEO 唐 · M. 贝利（Don M. Bailey）告诉分析师，促肾上腺皮质激素注射剂的新用途为公司带来了数十亿美元的商机。

大多数的觉察者在听说奎斯特克制药公司将一瓶 50 美元的药的价格提高到 2.8 万美元之后，纷纷指责奎斯特克制药公司，似乎这件事与安万特公司无关。很少有人会注意到安万特公司在药品价格上涨中所起的作用：安万特公司深知把这种药卖给这家公司之后，这家公司肯定会大幅提高价格，所以安万特公司才会要求利润分红。也就是说，安万特公司驱使奎斯特克制药公司来做这个肮脏的事情。

早在奎斯特克制药公司的事情发生之前，我对伤害的间接原因的研究就开始了。2006 年，我在《纽约时报》上读到一篇关于默克公司（Merck）的文章，这家大型制药公司生产了一种叫氮芥（Mustargen）的抗癌药物。[7] 默克公司所面临的问题是，虽然癌症患者对这种抗癌药物的疗效非常认可，但是这种药的市场非常小。使这种药物的利润最大化的策略就是提高药价，但是提价就会给默克公司造成一定的负面影响。因此默克公司将该药的所有权卖给了奥伟森制药公司（Ovation），这是一家规模较小的公司，专门从大型制药公司购买滞销的药物。奥伟森制药公司很快将氮芥的批发价格提高了大约 10 倍。但是，奥伟森制药公司并没有对氮芥的研发进行投资，事实上，它也不负责生产这种药品。根据双方合同约定，一直是默克公司生产、供应这个药品。正是因为奥伟森制药公司的生产规模比默克公司小得多，也没有知名的品牌形象，所以它能够在不引起外界太多关注的情况下大幅提高药物的价格。默克公司通过这种间接方式，既直接将药品价格提高了 10 倍，又避免了提价产生的负面影响。

默克制药公司的做法促使我与尼鲁·巴哈利亚（Neeru Paharia）、卡里姆·S. 卡桑（Karim S. Kassam）、乔舒亚·D. 格林（Joshua D. Greene）等人组成了一个团队，共同研究在实验室环境中间接大幅涨价的影响。[8] 我们感兴趣的是，实验参与者在仔细思考他们的初步评估后，是否会认为间接行为者对不道德行为负有更大的责任。在我们论文描述的 6 个实验报告中，我们向实验参与者描述了这样一种情况：一家大型制药公司是某一种癌症特效药的唯一经销商。所有的实验参与者阅读的内容都是本章开篇的“模拟训练”。

我们把参与者分成两组，其中一组参与者还要阅读以下内容：

A. 大型制药公司（X 公司）把这种药的价格从每粒 3 美元提高到每粒 9 美元。

第二组参与者会阅读以下不同的方案：

B. 大型制药公司（X 公司）把药品所有权卖给一家规模较小的制药公司（Y 公司）。Y 公司为了收回成本，把这种药的价格提高到每粒 15 美元。

我们的研究结果表明，大多数人没有觉察到发起公司在价格上涨中的责任。尽管 B 方案比 A 方案给消费者带来了更大幅度的价格上涨，但 A 组实验参与者对 X 公司的做法提出的批评远比 B 组实验参与者严厉得多。

多次研究表明，人们很少追究行为者造成间接伤害的责任。我和同事们又把一些参与者分到了第三组，同时把 A 方案和 B 方案介绍给了他们，然后要求他们判断哪一个方案更加不道德。之所以添加第三组参与者，是因为我们在过去的研究中发现，当人们同时比较两种或两种以上的选择时，他们的行为会更加理性和深思熟虑。[9] 我们发现，当参与者同时看到两个方案并进行比较之后，他们的看法就和之前的参与者不同了，他们认为 B 方案比 A 方案更不道德。简而言之，当间接行为引起他们的注意时，即当让他们觉察到的时候，他们看到了合理的因果关系，就会相应地认定责任。

更广泛地说，当人们受到提醒，仔细思考这种道德困境时，他们会要求间接行为者承担比其他行为者更大的责任。这一反应阐明了，间接行为者在直接行为者的不道德行为中有明显的影响作用。

领导者要考量目标设定的间接影响

我听说很多意志坚定的高管用“我们奖励结果”来总结他们的管理方法。激励措施是市场经济的关键驱动力，我也认为奖励因素是非常重要的。然而重要的是，我们也要慎重考虑人们对激励措施会有怎样的反应，很多高管在此方面做得还不够。

以电脑和电脑设备的零售市场为例。因为零售商之间的产品重叠和来自互联网销售的压力，所以市场竞争激烈，利润空间很小。对许多零售商来说，真正的利润来自销售附加商品，比如外围设备、保修和服务协议等，这些产品的利润率都高于大肆宣传的笔记本电脑和打印机。因此，许多零售商想出的解决方案是对销售人员销售这些附加产品的做法进行奖励。这一措施的间接结果是什么？高管们是否预料到了这一点？

美国大型办公用品零售商史泰博公司（Staples）也对销售人员销售附加商品的做法进行奖励。史泰博公司的经理娜塔莎·沙阿（Natasja Shah）在接受《纽约时报》记者戴维·西格尔（David Segal）为专栏“讨价还价”（The Haggler）所做的采访时说：“平均需要 200 美元。”也就是说，根据该公司实施的“市场篮子”激励政策（Market Basket），史泰博公司的员工每销售一台电脑，都必须销售大约 200 美元的附加产品才能达到目标。据沙阿所说，公司对这一数字是会仔细跟踪的，不达标的员工将接受培训。这些员工最终可能会被排很多夜班和周末班，排班工时或许也会减少，甚至可能被解雇。史泰博的一位主管告诉一位对“市场篮子”政策感到担忧的门店经理：“如果你做不到的话，就去麦当劳卖薯条。”[10]

鉴于本章讨论的是不道德行为的间接影响，你可能已经想到，这一政策可能会对史泰博的客户和公司声誉有一定的影响。不过，让我们先看一下记者西格尔在“讨价还价”专栏中公开的来自一位客户的投诉帖子，这篇帖子转载自消费者网站。以下就是这个投诉帖子：

> 昨天我在两家不同的史泰博门店里有一次非常糟心的经历。史泰博公司昨天（3 月 8 日）在周日的报纸插页上刊登了宏碁笔记本电脑的广告，价格是 449 美元……我到店以后，一个销售助理告知我笔记本电脑有货。然而，在他给我拿一台电脑之前，他试图向我推销他的“保修计划”，我拒绝了。销售助理说好吧，然后走了，我猜应该是去帮我拿电脑了吧。结果他带着商店经理回来了，经理又开始积极地向我推销“保修计划”。他非常粗鲁，暗示如果没有购买这个计划，那么我就是“小气的”。当我最终坚持我不想要这个“保修计划”时，他才走开。过了一会儿，销售助理告诉我笔记本电脑已经没货了。我们来看看这个情况：一开始是有货的，但当我拒绝购买约 150 美元的“保修计划”时，它就突然没货了，因为这使笔记本电脑的价格变成了正常销售价格。
>
> 然后我就回家了，给第二家史泰博商店打电话。电话被转接到电子产品部的一名员工那儿，我问这款宏碁笔记本电脑是否有现货。他去检查了一下，然后回来说有存货。8 分钟后，我就到达了这家店。我走进去，见到了 8 分钟前和我通话的那个人。此时的商店里几乎空无一人。我告诉他，我就是刚刚和他谈了宏碁笔记本电脑的那个人，他说他就是那个接电话的人。我问他是否确定真的有货，他说有。然后我问他能不能去给我拿一台，因为我真的想要买一台。然后，在他去拿电脑之前，他问我是否想要“保修计划”。“不用了，谢谢……我已经在上一家商店里把这个‘保修计划’看了一遍，我知道它包括什么内容，我对此不感兴趣。”然后他说了一声“好的”就走开了。两三分钟后，他回来了，就像上一家商店一样，笔记本电脑又突然没货了。[11]

史泰博公司的几名员工证实了这件事和其他类似的情况，而且他们就是被这样要求的：该公司的高管希望商店经理告诉员工，如果无法销售价值 200 美元的附加商品，就直接告诉客户电脑没有货了。沙阿告诉西格尔，这项政策被称为“把顾客赶走”。

数十年来，目标设定一直被推崇为管理和指导员工的有效手段。在许多情况下，目标设定的确能很好地发挥作用，但我们也必须要考虑并觉察到这一做法的其他影响。组织的领导者尤其有责任考虑目标设定的间接影响，例如史泰博公司的政策对客户满意度的影响。领导者没有觉察到组织政策的间接影响，这一问题的存在并不新鲜。

20 世纪 60 年代，随着汽车向更小型、更省油转变，福特汽车公司开始面临国外竞争对手的挑战。福特 CEO 李 · 艾柯卡（Lee Iacocca）宣布，在 1970 年之前，福特会推出一款重量在 907 千克以下、价格不到 2 000 美元的新车型。为了加快福特斑马系列汽车（Ford Pinto）的开发，管理人员不惜一切代价，甚至包括签署不安全设计方案。为了偷工减料，工程师们把油箱放在汽车后轴后面，空间宽度不足 25 厘米。后来的诉讼记录表明，这种设计会导致斑马汽车在遭到撞击后，油箱起火。然而，即使在福特发现了这种危险之后，高管们仍坚持自己设定的目标，并没修复有缺陷的设计。他们估算出，与斑马汽车起火产生的相关诉讼费用相比，改良设计的费用更高。后来这导致 53 人死亡，多人受伤。[12]

西尔斯 · 罗巴克公司（Sears, Roebuck and Company）在 20 世纪 90 年代初的目标设定也出现了类似的状况。当时西尔斯公司为汽车维修人员设定的销售配额是每小时 147 美元。这一目标设定导致员工对客户多收服务费用，并向客户推销不必要的维修项目。最终西尔斯 · 罗巴克公司董事长爱德华 · 布伦南（Edward Brennan）承认，这一目标驱使西尔斯 · 罗巴克的员工去欺骗客户。[13]

觉察间接影响是对领导者的挑战

在 2012 年 12 月《纽约时报》的一篇社论中，西北大学教授陈雯玲（Carolyn Chen）声称，美国顶尖院校招生办公室歧视亚裔美国人。她指出，亚裔美国人在顶尖高中的学生总数中占 40%~70%，因为这些高中的入学主要是基于考试成绩和班级成绩等客观标准。[14] 然而，根据 2009 年社会学家托马斯 · J. 埃斯彭沙德（Thomas J. Espenshade）和亚历山德里娅 · 沃尔顿 · 雷德福（Alexandria Walton Radford）的一项研究表明，同等学力下白人学生被美国优秀大学录取的可能性是亚裔美国人的 3 倍。[15] 埃斯彭沙德和雷德福总结，亚裔美国人必须在学术能力评估测试中，数学和口语成绩平均比白人高出 140 分，才能获得同样的入学机会。

陈雯玲等人认为，如果只根据客观标准（成绩等级、学业成绩和课外活动）对申请人进行入学审查，那么会有更多的亚裔美国人被录取到顶尖名校。当然，亚裔美国人可能与白人申请人在软标准上得到的待遇有所不同，比如推荐信以及教职工和校友的面试等。陈雯玲指出，大家可能认为这种说法似曾相识，因为这一状况与 20 世纪 20 年代发生的事情类似，当时犹太学生与美国私立高中预科生竞争进入顶尖大学的入学名额。陈雯玲写道，当时为了限制犹太人的入学人数，很多大学开始考察申请人的家庭背景，并寻求一些模糊的品质，比如“性格”“活力”“男子气概”“领导力”等。大量证据表明，哈佛大学、耶鲁大学、普林斯顿大学和其他常春藤盟校通过非正式手段限制犹太人的录取人数，这种做法一直持续到了 20 世纪 60 年代。

这些统计数据和其他资料引起了人们的怀疑，即顶尖院校是否有意限制亚裔美国人的入学名额。常春藤盟校和其他高等学府是否真的限制亚裔美国人的名额，就像他们在 20 世纪 20 年代对犹太人设置名额限制那样？就我个人而言，我认为不存在刻意的限额制度。但我相信陈雯玲所描述的那种隐性种族主义，即基于偏见和种族偏袒等的隐性歧视确实是存在的，这导致精英学府拒绝接收合格的亚裔美国人，转而去录取不合格的白种人。

我觉得隐性歧视的问题既有趣又令人困扰。我们通常觉察不到自己或他人的行为带来的间接伤害。更具体地说，我认为顶尖大学虽然没有刻意歧视任何人，但是也同样造成了不良的结果。伴随陈雯玲文章的发表，《纽约时报》也刊载了一系列评论。学者约翰·布里顿（John Brittain）和理查德·卡伦伯格（Richard Kahlenberg）认为，歧视亚裔大学申请者的一个根源来自一种变形的（隐性）种族主义的间接影响，即“荫泽录取”政策。[16]正如我在前文中所讨论的，大多数美国顶尖大学都有优先录取校友子女的惯例。这种做法就是照顾既得利益者。当这些人勉强符合录取资格时，他们就会占用其他优秀申请人的名额。值得注意的是，顶尖大学中受到“荫泽录取”政策照顾的人往往是白种人，因为在过去，白种人在这些学校占主导地位。与此同时，被拒绝的申请人有可能是其他种族，其中就包括亚裔美国人。

20世纪90年代，哈佛大学因歧视亚裔美国人而接受调查时，美国教育部民权办公室（U.S. Department of Education’s Office for Civil Rights）得出结论，同等资格的亚裔美国人入学名额少于白种人的原因之一就是，他们受到“荫泽录取”惯例的排挤。[17]亚裔美国高中生之所以会受到歧视，在一定程度上是因为美国顶尖大学对校友子女提供优惠政策的间接影响。

沃尔玛的采购员在坚持从供应商那里获得最低价格的同时，也是在履行自己的职责。罗纳–普朗克制药公司的高管们为了达成公司目标，把促肾上腺皮质激素注射剂出售给一家规模较小的公司，因为这比把药物留在自己公司更有利可图。史泰博公司员工在销售产品时经常推销顾客不需要的附加产品。另外，大学的招生官员对那些有钱的校友子女给予额外照顾，也只是遵循已经实施了几十年的传统制度。然而，这些行为造成的间接影响是很负面的。

间接影响造成的伤害是对领导层的挑战。领导者需要超越当下去考虑组织的决策可能会产生的问题。当一个组织的行为导致人们无意中歧视某一特定群体时，该组织本身就是在从事歧视行为。组织的领导者有责任觉察到这一点，并做出必要的改变，避免间接伤害的发生。

有趣的是，如果特别要求高管根据本章所述政策和做法来思考对组织或社会的潜在不利影响，他们很容易就会发现间接伤害的存在。遗憾的是，各个组织很少有这样的要求。我们的组织领导者并不缺乏解决这些问题的能力，但他们往往缺乏想象力，无法事先觉察到这些问题的逻辑后果。

THE POWER OF NOT!C!NG

本章小结

1. 间接伤害往往被人忽略，不管是制造商、零售商还是消费者，都很难觉察到。
2. 当人们受到提醒，仔细思考这种道德困境时，他们会要求间接行为者承担比其他行为者更大的责任。
3. 在许多情况下，目标设定的确能很好地发挥作用，但我们也必须要考虑并觉察到这一做法的其他影响。
4. 间接影响造成的伤害是对领导层的挑战。领导者需要超越当下去考虑组织的决策可能会产生的问题。

THE

POWER

OF

NOT!C!NG

11

采取行动，规避可预见的危机

模拟训练

针对以下 3 个问题，你的答案是什么？

- 你的组织是否有一些连自己也解决不了的问题？
- 这些问题会不会越来越严重？
- 这些问题会不会发展成为一个具有破坏性的危机，让组织中的大部分人感到措手不及？

2005年8月，肆虐美国墨西哥湾沿岸地区的“卡特里娜”飓风（Hurricane Katrina）造成了1 800余人丧生。据估计，飓风损毁的房屋价值高达810亿美元。数万人流离失所，新奥尔良市的文化和多元性也永远改变了。美国的港口遭到了破坏，那些逃离新奥尔良的人开始涌入休斯敦，美国纳税人面临着巨大的经济压力。

我和迈克尔·沃特金斯在2004年就出版了以“可预见的危机”为主题的书。因此，当遭遇“卡特里娜”飓风袭击的时候，很多媒体都打电话来提出这样的问题：“这是不是一个可以预见的危机？”当时，我还不太确定这个问题的答案。而现在，我可以肯定地说：“卡特里娜”飓风确实是一个可以预见的危机。联邦、州和当地政府未能觉察到那些平常就可以获得的信息并据此采取行动，结果导致许多人在飓风中丧生。

优秀领导者拥有的才能之一，就是他们能够防止可预见的危机的发生。在“卡特里娜”飓风来袭的好几年前，优秀的领导者就能够觉察到相关迹象。这里仅谈几例。

“卡特里娜”飓风来袭的4年前，埃里克·伯杰（Eric Berger）于2001年在《休斯敦纪事报》（*Houston Chronicle*）上做出了让人不寒而栗的准确预言：

> 新奥尔良正在下陷。作为避免飓风侵袭的一个主要缓冲区，密西西比河河口正被快速侵蚀，这将把这座历史名城置于险境。事实上，该地区的状况如此脆弱，以至于今年早些时候，联邦紧急事务管理局（Federal Emergency Management Agency）就已经将新奥尔良的潜在危机列为美国面临的最有可能发生、最具灾害性的三大灾难之一。其他两个灾难是什么？旧金山的大地震和几乎可以预见的纽约市恐怖主义袭击。新奥尔良的飓风可能还是其中最致命的。科学家们说，一旦风暴来袭，该城市并不充足的疏散路线将让25万人或者更多的人无法逃生。并且，当城市被淹没在6米深的水下时，被滞留的这25万人中可能会有10%因此丧生。数万难民会涌入休斯敦。从经济角度来说，其代价将是毁灭性的。[1]

与此相似，2002年，一位记者在新奥尔良的《时代花絮报》（*Times Picayune*）上这样写道：

> 修建更高的防洪堤坝、开展大规模的海岸修复工程，甚至在新奥尔良周围修筑巨大围墙，这些都是提议。如果不采取特别措施，主要港口、石油和天然气生产地、美国最重要的渔业资源区，独特的河口文化、历史悠久的古城法国区（French Quarter）等都有可能被一场灾难性的飓风卷走，或被一场小型飓风摧毁。[2]

还有一个明确的警示和建议来自美国《国家地理》杂志的资深撰稿人乔尔·J. 伯恩（Joel J. Bourne），他在2004年就曾撰文提到新奥尔良会不可避免地发生一场大灾难。[3]不知你是否相信，这场灾难可能本来会更严重，因为现实中风暴的中心还只是在新奥尔良以西几十公里处。

尽管媒体上已经出现了很多类似的不祥预测，路易斯安那州州长凯瑟琳·布兰科（Kathleen Blanco）后来仍然向国会陈词：“谁也没有想到或者能够预见到，在遭遇‘卡特里娜’飓风之时，防洪堤坝会如此不堪一击。”[4]然而，在一份详尽报告中，社会学家拉里·艾恩斯（Larry Irons）提供的大量证据表明：“美国陆军工程兵部队（U.S. Army Corps of Engineers）自20世纪80年代初就已知道海岸面临着决堤的威胁……”[5]艾恩斯还提供了更多的证据：当地、州和联邦政府官员都知道在面临一场大型飓风的时候，新奥尔良不堪一击。同样，影响评估公司（Impact Assessment, Inc.）的研究人员于2008年在《美国人类学家》（*American Anthropologist*）杂志上也得出结论：“这次灾难是可以被预测的，但是却没有人及时采取大规模的行动。下一次的大风暴将不可避免地带来更严重的灾难性后果。”[6]

在遭受“卡特里娜”飓风袭击之前，联邦紧急事务管理局就认为飓风袭击新奥尔良是美国正在面临的三大潜在灾难之一。联邦紧急事务管理局于2004年进行的一次模拟演练，就凸显了美国政府对类似事件缺乏事前准备，但政府从未针对这些显而易见的问题采取跟进措施。联邦紧急事务管理局在应对飓风时一败涂地，这并不令人意外。

仅仅根据这几个事例就可以很清楚地知道，像“卡特里娜”这样极具破坏力的飓风远远不是一次意外事件，它是可以预见的，很多人知道其必然会发生。几乎所有地方、州和联邦政府部门的相关领导者都清楚地看到了这种灾害将袭击该地区的迹象。然而，这并未引起他们的注意。

“卡特里娜”飓风事件充分说明，领导者迫切需要觉察到重要信息，因为即使是在现在，新奥尔良的情势仍然危急。许多专家认为，美国墨西哥湾沿岸地区仍然没有做好应对另一场重大飓风的准备，与“卡特里娜”飓风来袭之前相比，情况并没有多大改善。2008年，来自影响力评估公司的团队就这样写道：

> 不幸的是，从联邦、州和地方各级政府的整体情况来看，美

> 国墨西哥湾沿岸地区目前正在进行和尚处计划中的修复工作将会带来一个确定的结果：2005 年 8 月 29 日“卡特里娜”飓风来袭时的情形将会重演。如果按照现在的趋势发展下去，相关领导者还会采取一些无关紧要的改进措施来加固现有的堤防系统。当地的建筑法规只要求房屋建在一米高的柱子上，以抵御高达 3 米的洪水。联邦政府针对建造在海平面以下的建筑物出台的保险项目将会重新落实，这样就能确保让美国纳税人来承担后续由飓风带来的损失。修建具有防护作用的海岸栖息区域这一做法可能会恢复，但不会扩大；此外，即使未来没有飓风侵袭，在 2050 年之前也不会恢复到其应该保持的防护状态。这个问题背后的潜台词就是，新奥尔良市、路易斯安那州三角洲地区以及密西西比和亚拉巴马州沿海地区必定会遭遇 4 级或 5 级飓风的侵袭，而相关领导者实际上却并没有制订计划来确保这些地区的安全。[7]

显然，这种隐约闪现的灾难已经不能用“意外”一词来定义了。此时，还出现了另外一种领导失误，那就是领导者未能觉察到重要信息并据此采取行动。

幸运的是，还有许多事例表明，个人和组织觉察到了可预见的危机的威胁，并及时采取行动以阻止其发生或减轻其影响。我们可以从中汲取经验教训，更好地识别出我们周围正处于酝酿期的危机。我们来看一下另外一场与“卡特里娜”飓风相当的自然灾害——2012 年 10 月下旬袭击大西洋海岸的“桑迪”飓风（Hurricane Sandy），我们的领导者为此做了更有效的准备工作。这一次，领导者更早地认识到了这一威胁，做出了预案，并采取了动员行动。“桑迪”飓风的破坏性在美国历史上仅次于“卡特里娜”飓风，也是有记录以来最大的大西洋飓风（以直径衡量，其覆盖范围达到 1 770 公里）。10 月 28 日，随着飓风袭击美国本土，奥巴马总统针对可能受影响的几个州签署了紧急声明，允许他们向联邦政府请求援助，并在风暴来袭之前做好准备工作。美国东海岸地区及时取消了航班，并发出旅行警告。国民警卫队和美国空军在 7 个州部署了数万名士兵，为救灾和援助工作做准备。

通过研究“卡特里娜”飓风、2011 年发生的“艾琳”飓风（Hurricane Irene）和其他与天气有关的灾害性事件的准备情况，美国东海岸地区的几个州政府注意到了向公众开放高速公路的危险性。例如，在 2011 年 2 月芝加哥的一次暴风雪中，当交通陷入瘫痪之后，数百人被困在了城市的一条主干道上。由于大雪中视线不佳，许多人弃车而去，这座城市也因向车辆开放高速公路而广受批评。就在“桑迪”飓风快要到来的时候，官员们意识到那些被困在高速公路上洪水中的司机将会面临死伤威胁，即使应急服务到了捉襟见肘的时候，也需要为他们提供救助。

出于这些原因，一些州政府决定关闭高速公路。例如，特拉华州只供紧急情况和政府人员使用道路。在纽约市，城市运输管理局（Metropolitan Transit Authority）关闭了火车站，并计划根据具体情况关闭桥梁和隧道。官员们不仅想保护驾驶人员免于危险，而且他们觉察到关闭高速公路可以将救助工作集中于较小的地理区域，从而更好地配置有限的资源。这些决策效果明显，让许多没有冒险离家上路的人免受伤害，也将救助工作置于限定范围之内。

领导者很少因为降低了悲剧性事件的伤害程度而得到赞扬，但毫不夸张地讲，“桑迪”飓风却是个例外。甚至连奥巴马总统的政治对手、新泽西州州长克里斯·克里斯蒂（Chris Christie）在谈到奥巴马应对本次灾难的表现时也说：“我认为他做得非常好。”事先意识到“桑迪”飓风即将来临并做出预案、采取行动的许多地方和州政府的领导者，也理应得到类似的赞扬。

危机的发生完全是可以预见的

每当受邀为来自民间、政府和非营利性组织的领导者做演讲时，我经常会径直向他们提出本章“模拟训练”中的3个问题。

他们的答案几乎都是肯定的。存在问题，问题有可能变得更糟，而且将会变为他们组织的重大危机。简单来说，危机的发生完全是可以预见的。这就是我与迈克尔·沃特金斯所提出的可预见的危机。[8]

如果组织领导者掌握了所有数据，能够识别出潜在的甚至是不可避免的危机，却没有采取有效的预防措施来应对，就会出现可预见的危机。我现在要给这个定义略做调整：**可预见的危机是由于领导者未能觉察到重要信息并据此采取相应行动而引发的重大后果**。

如果许多关键人士意识到即将发生一场灾难，而且随着时间的推移风险会变得越来越大，可能最终会演变成危机，但他们未能及时采取行动来应对，这个时候就会出现可预见的危机。在某些情况下，觉察到存在某一问题所需掌握的相关知识，能够在整个组织内部传播，这会涉及许多人，还需要动用行政手段。然而，在大多数组织中，不管错误有多严重，最后承担责任的人都是领导者，无论是在团队或部门一级，还是一直到最高管理层。组织的最高领导者自己可能并没有觉察到问题所在，或者可能得到了某些暗示却没有重视。这种情况太普遍了。然而，这也很难成为一个可以接受的借口。具有远见卓识的领导者可以通过预测和采取措施减轻威胁来规避可预见的危机。

正如我在本书的前言中所说的那样，在对“9·11”事件的反思过程中，我和迈克尔·沃特金斯形成了可预见的危机的概念，之后又经过了多年的研究和思考，我决定撰写本书。我们俩在有关可预见的危机的书中所阐述的诸多事实已经清楚地说明，我们的领导者能够也应该采取措施来防止“9·11”事件的发生。卓越的领导者能觉察到可预见的危机并采取行动，从而避免灾难事件的发生。

忽视可预见危机的 3 大原因

领导者为何经常没有预测到可预见的危机？这个问题涉及多方面原因，包括认知层面、组织层面和政治层面的原因。[9]

1. 认知原因

许多认知偏差使我们和我们的领导者没有足够重视可预见的危机。首先，我们以一种过于积极的态度来看待世界。我们用乐观的眼光来看待自己、环境和未来。[10] 从好的方面来讲，在面对困难任务以及应对不利且失控事件的时候，积极的想法有助于我们继续坚持下去。不好之处就是，积极的想法让我们不能做出明智和平衡的决策，这就会导致我们低估危险，无法防止可预见的危机的发生。[11]

其次，我们往往过度低估了未来。你是希望今天拿到 5 000 美元，还是在一年之后获得 6 000 美元？许多人会选择前者，尽管就当前的经济环境来讲，20% 的投资回报已经非常好了。大多数人的房子都没有做充分的保温隔热处理，也没有配置价格稍贵但更节能的电器，即使这样做立马会节省资源且未来还能节省更多。这些行为都是我们高估现在、低估未来和伤害后代的例子。在全球范围内，我们过度攫取海洋和森林资源，做出导致全球变暖的消费决策，这些不断累积的债务将由我们的后代去偿还。我们常常会选择数额巨大但未来亏损概率较小的投资，也许有生之年都看不到回报，而无法接受一个数额较小但现在会有亏损的投资，即使它的投资价值很不错。

最后，个人、组织和国家往往奉行“无害”的首要原则。[12] 没错，在某些情况之下，这一建议确实管用。但它往往也意味着不作为。20 世纪 90 年代，我们没有通过强制要求人们在机场安检处等待 15 分钟来降低恐怖分子劫机的风险，于是犯下了一个悲剧性错误。今天，如果我们不愿意做出牺牲，例如小幅度增加税收、合理削减我们的权益或改善新奥尔良堤防系统，那么实际上我们就在为子孙后代制造各种问题。

2. 组织原因

在遭受“卡特里娜”飓风袭击之后，美国政府、路易斯安那州和新奥尔良市的领导者花了大量时间去解释准备和应对不充分并不是他们的错，而是政府部门其他各级领导者的错。每个人互相推诿的样子实际上为我们提供了究竟由谁来负责的答案：正是城市、州和联邦各级政府的领导者，辜负了受灾的民众。

除了在个人层面未能觉察到相关信息并据此采取行动，在组织层面上，城市、州和联邦政府在应对“卡特里娜”飓风过程中的无能表现也令人震惊。美国众议院政府改革委员会（House Government Reform Committee）主席汤姆·戴维斯（Tom Davis）说：

> 我猜想，我们将会发现各级政府都辜负了路易斯安那州、密西西比州和亚拉巴马州的民众。我认为我将会从联邦紧急事务管理局局长迈克尔·布朗（Michael Brown）那里听到类似这样的说辞：路易斯安那州根本没有统一的指挥调度系统和明晰的权责分配。这意味着我们不仅要去分析联邦紧急事务管理局出了什么问题，还要去分析各级政府在灾难准备和应对方面可能出了什么问题。我们是否缺乏一种具有紧迫感的文化，或将事情做好的文化？抑或，即使我们有足够好的规划和预测，也会面临政策制订和执行之间的巨大鸿沟？[13]

除了在个人层面未能觉察到问题正在累积的紧迫性之外，可预见的危机的发生也部分归因于有缺陷的组织结构、不当的奖惩机制和数据整合。例如，“卡特里娜”飓风和“9 · 11”事件都表明，一个关键性问题就是未能整合政府各部门的资源，导致各部门像“孤岛”一样各自为政。孤岛式运作既会导致领导失能，也会强化领导失能。孤岛内部的问责机制，当然也包括孤岛之间的问责机制，是模糊不清的。似乎没有人会明确负责，也没有人制订总体目标和指导目标。在这种情形下，人们的动机通常只是做好自己分内的工作。[14]

3. 政治原因

要避免可预见的危机的发生，通常需要领导者在短期之内付出财务和政治方面的成本，这样才能避免在中期或更长期之内发生灾难性事件。例如，环绕新奥尔良市修筑堤坝将会产生巨大的成本。从政治层面来说，这不仅可以提高应对“卡特里娜”飓风袭击的胜算，还可以提高决策者在任期之内应对类似情形的胜算。同样，在 20 世纪 90 年代后期，改善航空安全将花费 30 亿美元，[15] 但与不作为所产生的潜在成本相比，这又是微不足道的。然而对克林顿政府来说，这是一笔巨大的政治成本，因为当时几乎没有人能意识到宽松的航空安全制度存在隐患。

可预见的危机产生的部分原因可能是，少数个人和组织为了自身利益而破坏了整个系统。美国没有颁布有效的竞选资金改革方案，由此营造了这样一种选举环境：人们普遍认为贪腐是一种合法行为。美国公民，包括我自己，经常鄙视那些对大规模贪腐持容忍态度的社会，但是如果有其他人质疑美国游说团体收买政府官员以获得各种好处，我们会回答“至少这是合法的”。然而，这些说客投入了大量资源，以确保那些允许他们影响政府官员的法律能够获得通过并生效，如果考虑到这一情况，你就会觉得这种差别并没有什么意义。

未能预测到可预见的危机的政治原因，在政府和营利性组织中都存在。在前文中我曾讨论过，安达信会计师事务所未能觉察到安然公司的腐败行为，因此在一个可预见的危机中负有重大责任。安达信的合伙人为何没能觉察到正在发生的腐败行为？如果一位合伙人或者审计人员能够站出来，批评正在发生的腐败行为，他就可能激怒组织中的其他人，因为安然公司向安达信支付了2 500万美元的审计费用和2 700万美元的咨询费用。在审计工作中，从政治层面获得的奖励很难激励人们做出理想的觉察行为。

预防可预见危机的3个关键

要预测并规避可预见的危机需要领导者采取3个关键步骤：识别威胁、优先处理威胁，以及动员行动。[16]

1. 识别威胁。有些灾难无法预测，或者它们发生的可能性很低以至于没有人会因为忽视了威胁而受到指责。举个例子，很少有人能预料到艾滋病毒会跨越物种屏障进而感染人类。[17] 然而，许多人都知道，几十年来，对于许多重大的可预见的危机，很早就有人事先提出过警示，包括“9 · 11”事件、“卡特里娜”飓风、伯纳德 · 麦道夫丑闻和2008年金融危机。我们常常赞美那些识别出威胁并采取行动的领导者；如果他们不这样做，就应该对此负责。如果领导者没有审视周围环境，也不能从关键数据分析中识别出即将出现的威胁，我们就应该追究他们的责任，因为他们没有觉察到一个正处于酝酿期的可预见的危机。
2. 优先处理威胁。领导者通常都疲于应付各方提出的要求。他们要思考哪些问题需要立即处理，哪些问题可以延缓处理。天才型领导者用来确定关键威胁的一个工具是成本效益分析。这类分析可以帮助领导者在面对不确定情况时提高胜算。通过精心的成本效益分析，领导者可以优先考虑那些最有可能发生而且最严重的威胁。如果没有这样做，他们就应该对未能充分确定威胁的优先处理次序而承担责任。

3. 动员行动。有时候，领导者识别出了各种威胁事件并确定了轻重缓急，却没有采取行动。“9 · 11”事件就属于这种情况。尽管副总统戈尔所领导的委员会肯定了大幅改善航空安全的必要性并将其作为优先要务，但政府却没有采取行动。美国联邦航空管理局（Federal Aviation Administration）的官员们反对委员会提出的改革建议，而且美国主要的航空公司花费了数百万美元来阻止政府解决航空安全问题，因为他们惧怕这样做会吓到乘客或者需要承担当时建议中提出的安装行李匹配系统而产生的费用。[18] 航空公司的政治作为是“有效”的，在阻止美国政府采取行动方面发挥了重要作用。领导者绝不能受到这种政治活动的干扰，如果他们没有采取行动，就应该对发生的可预见的危机负责。

尽管我们不确定地方和州政府的官员是否意识到了飓风威胁的严重性，但许多领导者确实意识到了一场严重的飓风会威胁到新奥尔良的未来，美国陆军工程兵部队和联邦紧急事务管理局肯定对这一重要的威胁做出了优先处理，但是地方、州和联邦各级政府的领导者却没能这样做。在联邦政府层面，我们的领导者完全没有采取动员行动。“卡特里娜”飓风是一个可预见的危机，而我们的行事模式却凸显出正是由于领导失能才导致了灾难的发生。

善于觉察，危机也是机遇

在前文中，我指责一些当事人未能觉察到 2008 年金融行业的可预见的危机，同时一系列奇怪的法律为这场灾难大开方便之门。我曾简单提到过，确实有几个人觉察到了并据此采取了行动，还大赚特赚。也许，迈克尔 · 巴里（Michael Burry）是最早觉察到抵押贷款行业已经好到近乎不真实地步的人之一。巴里向记者迈克尔 · 刘易斯这样描述自己：“一个只有一只眼睛的医科学生，不擅长社交，还背负着 14.5 万美元的学生贷款。”[19] 在巴里成为一名住院医生之后，他开始利用业余时间在一个在线论坛里撰写股票方面的文章。后来他辞掉了医生的工作，创立了对冲基金子孙资本（Scion Capital），并从他的在线论坛里吸引了很多投资者。

通常，业内人士都会与其他圈内人交流，进而形成一种共识，但根据刘易斯在《大空头》一书中的描述，巴里并没有与任何人谈论过他觉察到的事情。作为他研究工作的一部分，巴里独自阅读各种文章和金融文件。抵押债券附带了复杂的百页以上的招股说明书，很少有人会去读这本印刷精良的小册子。但在2004年和2005年，巴里花了许多时间阅读了大量的招股说明书。从2004年开始，他发现由于放贷机构降低了标准，因而抵押贷款市场处于风险之中，但是整个市场忽视了这一事实。他在一份季度报告中这样写道："有明显的迹象表明，放贷机构不断降低自身标准以增加贷款量，他们已经迷失了方向。"[20]

巴里也意识到他可以通过做对手盘来赚钱。2004年，他开始针对那些房地产市场崩溃时可能会受到损害的公司购买保险。到2005年，他购买了复杂的套期保值投资，即信用违约互换，如果抵押贷款市场的崩溃程度比金融市场预期的还要严重，那么这些投资就会有巨大的潜在回报。巴里为那些他认为非常糟糕的抵押债券购买了约20亿美元的保险。他实际上只花了很少的钱来购买这些债券，只有在市场崩溃时，这些债券才会给他带来回报。他的投资者很紧张，但当2007年房地产市场开始崩溃时，人们才意识到巴里早在华尔街和其他大多数人之前就觉察到了市场已经走向疯狂。当市场崩溃的时候，巴里和跟随他的人都大赚了一笔。

巴里的关键技能就是他的觉察力。他觉察到了我在前文中描述过的抵押贷款市场中的所有缺陷，而且还是在市场崩溃之前就觉察到了。通过研究借款者、抵押贷款发起者和各种投资者的决策，巴里觉察到整个抵押贷款市场已经变成一栋纸牌搭建的屋子，当大风来临时，房子就会倒塌。这个不善于社交的人比华尔街的专家更会换位思考。

德意志银行有位员工名叫格雷格·李普曼（Greg Lippmann），他拿着巴里的分析结果四处推销，那些听取了李普曼建议的人赚了大钱。约翰·保尔森（John Paulson）就是其中之一，他一个人就获得了40亿美元的惊人利润。杰米·麦（Jamie Mai）和查理·莱德利（Charlie Ledley）在伯克利一个朋友家后院的小屋中一起研究投资，虽然赚得没有那么多，但是也比较可观。他们认为："在华尔街赚钱的最好方式就是找出华尔街认为最不可能发生的事情，并押注它会发生。"[21] 在这一事例中，逆势直觉指引着他们，借用刘易斯的话来说："市场往往低估了戏剧性变化的可能性。"[22] 他们与巴里非常相似，都在这个过程中变得富有起来。

显然，这不是一本关于投资的书。相反，本书关注的是领导者如何觉察到这一信息并据此采取行动，从而获得巨大的收益。巴里在觉察到一个可预见的危机之后，下了一个高杠杆的赌注，获得了巨额利润。在其他领域，觉察到重要信息能够让我们规避可预见的危机，挽救生命，维持就业率，避免饥荒，保护森林和海洋，并创建令人钦佩的组织和更美好的社会。觉察到重要信息是领导力的核心要素之一，而这一切都取决于你。

THE POWER OF NOTICING

本章小结

1. 优秀领导者拥有的才能之一就是，他们能够防止可预见的危机的发生。
2. 领导者忽视可预见的危机，有3方面的原因：认知原因、组织原因和政治原因。
3. 孤岛式运作既会导致领导失能，也会强化领导失能。
4. 预防可预见危机的3大关键：识别威胁、优先处理威胁，以及动员行动。
5. 在华尔街赚钱的最好方式就是找出华尔街认为最不可能发生的事情，并押注它会发生。

结语

如何才能看见信息背后的信息

领导力专家沃伦·G. 本尼斯（Warren G. Bennis）认为，最重要的领导才能就是成为作家索尔·贝洛（Saul Bellow）所说的“一流的觉察者”，这种才能体现在他的中篇小说《现实》（*The Actual*）中的主人公哈里·特雷尔曼（Harry Trellman）身上。一流的觉察者往往拥有好眼力，尤其是在觉察人的行为方面。一流的觉察者非常专注，他们可以识别人才，发现别人错失的机会。与大多数人相比，他们不太可能被数据的表象所蒙蔽，善于理解数据背后实际暗示的内容。由于往往会超前多思考几步，因此他们能够确定何时需要做出改变，然后切实做出相应的改变。正如本尼斯和他的同事罗伯特·J. 托马斯（Robert J. Thomas）所写的那样，一流的觉察者比大多数人更善于发现缺陷，不论在他们的组织或组织内部各个部门之内，还是在更大的范围之内。[1] 他们不仅善于发现欺骗行为，包括以间接方式进行的欺骗，而且能够规避滑坡效应和可预见的危机。一流的觉察者会怀疑那些好到了近乎不真实的事情，他们比大多数人更有可能从那只没有叫的狗身上觉察到异样。

我希望，在读完本书之后，你能成为一名一流的觉察者。前面的章节已经为你提供了具体的事例、有用的训练和能够立刻运用的相关策略，这都有助于提高你在决策和领导过程中的觉察力。本书最后一章为你提供了一些关于如何提高觉察力以及帮助其他人觉察到重要信息的建议。

培养觉察到重要信息的思维习惯

请回想一个让你或你的组织感到震惊的危机事件。现在，设想你正在告诉一个不属于本组织的亲密朋友有关这场危机的故事：究竟发生了什么，谁做了哪些事情，最后的结果又是怎样。你朋友的回答很可能是："为什么没人预想到这件事呢？"就本次危机中发生的事情，仔细想想你的答案是什么。在往下阅读之前，请你确认已经完成此项操作，一种好的办法是把你的答案写在一张纸上。

你的回答是否像下面这样？

- 没有人可以预测到究竟会发生什么事情。
- 这种情况发生的可能性很小，似乎不值得考虑。
- 发现预警信号并不是我的职责所在。
- 在任何时候都有可能发生许多危机事件，以至于我们没有理由确定哪一个危机会最终真正爆发。

或者你的回答更像是这样？

- 我没有考虑过我们组织会面临什么样的威胁。
- 我没有想过其他当事人会如何影响我们的组织。
- 我没有向他人索要过那些可能错失的数据。
- 我没有尽力去寻找可供组织考虑更多的选项。

你看到这两份清单的区别了吗？第一份清单上的内容是由外部因素构成的，这些解释均围绕你无法控制的因素，问题在于环境而不是你。相反，第二份清单上的内容是导致失败的内部因素，你意识到你可以把事情做得更好。大多数危机都是在内部因素和外部因素的共同作用下发生的。你和你所在的组织处在充满不利因素和意外情况的艰苦环境中，而且你和你的同事也都不会像你想象的那样能够预测到危机并对其进行管理。

一项广受认可的社会科学研究表明，当我们想到自己所取得的成就时，往往会将其归因于内部因素。我们关注的是那些自己做过的、对最终结果产生过影响的正确事情。相比之下，当我们想到自己曾经的失败时，往往会将其归因于外部因素。我们归责于其他人、事发时的具体情况或者我们所无法控制的环境。[2]那些在过去一年中取得辉煌业绩的高管往往会将取得的成就归功于自身，或者如果他们更大方一点的话，会将成就归功于自己所带领的团队。但是，那些业绩严重受挫的高管立马就会将这些结果归因于经济状况、市场趋势或者政府干预。

然而，一流的觉察者对此事的看法却非常一致。在失败发生的时候，他们不仅关注自己所做过的事情，而且关注将来可以采取哪些不同的应对方法。因此，他们不会重蹈覆辙。正是这种对自我完善的关注，才使我们能够从经验中学到东西，并朝着成为一流的觉察者的方向迈进。

觉察到那些并不重要的信息

在我逐渐理解觉察力这一社会科学概念的过程中，我读了几本由才华横溢的非虚构类作家迈克尔·刘易斯所撰写的书。我在前文提到过他的著作《大空头》，书中记录了一小部分投资者，他们觉察到房地产市场发生金融灾难的能力要远远超出人们对金融市场的理解范畴，这些投资者靠押注市场获得了巨额财富。刘易斯的这本书着重强调了某些并不重要的信息（在这个事例中是市场）很有可能会为你带来经济收益。同样，在他的著作《点球成金》（*Moneyball*）中，刘易斯为我们描述了一流的觉察者是如何在美国职业棒球大联盟比赛中获得竞争优势的。

《点球成金》讲述了奥克兰运动家队（Oakland Athletics）总经理贝利·比恩（Billy Beane）的故事：他觉察到棒球专业人士会出现系统性和预知性的直觉错误，棒球专业人士过于看重个人觉察到的事物和球员最近的表现，因而产生了错误直觉，忽视了通过观察球员的实际表现就可以得到且易于评估的确切数据。于是他对奥克兰运动家队进行改造，并最终将其打造成美国职业棒球大联盟的一支主流球队。事实证明，如果你想预测一个棒球运动员未来在球场上的表现好坏，他过去在球场上的表现就是一个非常重要的考虑因素，而这也是被很多棒球专业人士忽视的因素。刘易斯写道："棒球运动员的市场运转效率太低，对棒球比赛合理战略的总体把握能力又太弱，以至于高管层总是无法赚到更多的钱。"[3] 当刘易斯的书成为畅销书之后，使用数据管理球队这一理念首先在美国职业棒球大联盟比赛中广泛传播，之后又传播到其他职业体育比赛项目。

很明显，贝利·比恩是一名一流的觉察者。令人困惑的是，为什么棒球、篮球、橄榄球、曲棍球或足球领域的其他人没有注意到这个系统的明显缺陷？后来写出影响深远的《助推》一书的学者理查德·H. 塞勒（Richard H. Thaler）和卡斯·桑斯坦（Cass Sunstein）在对《点球成金》的评论中指出，棒球专业人士并不愚蠢，他们只是无法突破人性。[4] 他们管理球队靠的是各种惯例和常规做法，这是在这项运动中受到广泛推崇的传统思维。

一流的觉察者善于跨越错误的直觉去仔细研究相关数据。所以，要想成为你所在行业的贝利·比恩，应该问自己的问题是：在我的行业中，什么样的传统思维是需要被质疑的？

要问为什么不这样做

大学教育是昂贵的，我所供职的大学提供的教育也不例外。哈佛大学很幸运，拥有充足的资金，而且也足够慷慨，能为有需要的学生提供大量资助。然而，许多大学既无力维持其卓越的学术水准，包括各种设施和有竞争力的薪水，也无力满足其录取学生的经济需求。结果，许多学生面临着这样一个艰难的选择：要么通过负债来接受高等教育，要么放弃接受高等教育。除了这些挑战之外，学生在做出选择时，并不确定在毕业之后是否能找到一份好工作来偿还他们的助学贷款。即使现有数据表明大学教育是一项良好的长期投资，但也不能使通过负债 2 万美元、5 万美元甚至 10 万美元来完成大学教育成为一个具有吸引力的想法。在大学期间，一个学生可能会从事一些兼职工作以减轻未来的经济负担，但他这样做的代价是较差的学习成绩和受到影响的教育经历。

对于许多学生来说，这个问题是一道典型的是非选择题。要么通过负债来接受高等教育，要么放弃接受高等教育。这些人在未来几十年将从事富有成效的工作，在这一有可能为他们自己、整个经济和社会带来各种好处的选择面前，他们所要做的这道是非选择题为何如此残酷，还有其他的解决方案吗？

在过去几十年里，一直存在着这样一个建议：让学生用他们未来收入的一小部分来支付现在接受大学教育的费用，从而规避负债的必然选择。身负 2 万美元或更大金额的助学贷款，这一想法令人望而生畏。相比之下，在未来的 12 年里，拖欠你母校 3% 的未来收入远没有那么危险。这一核心理念是将学生未来收入这一关键资源的一小部分转化为可以用于偿还学费的资源，同时还能避免学生负债。

最近，俄勒冈州通过了一项立法，允许其居民在没有贷款或支付学费的情况下进入州立大学学习。[5] 学生毕业之后可以用他们未来收入中的一小部分来偿还学费。在这个项目中，你挣得越少，偿还的数额就越少；就像保险资金池一样，高收入者会对低收入者的还款进行补偿。另外，营利性初创企业也已经进入这个市场，提供各种允许投资者针对特定学生进行投资的个性化打包服务。投资者实际上支付了一大笔学费以换取学生未来收入中的一小部分。普威（Pave）和昂思达（Upstart）就是其中两个从事这类业务的组织。[6]那些左翼政治人士很可能会支持俄勒冈州的这项计划，而那些右翼人士更可能会倾向于私人融资模式。就我个人而言，我希望看到联邦政府进入这个市场，来帮助解决这一广泛的社会问题，即如何帮助那些在目前制度下缺乏资源的大学获得资金。现在，已经有人提出了这一设想。

这种“现在学习，以后支付”的计划可能并不适合每个人，但获得了普遍的赞誉，因为它打破了我们过去的做事方法，使人们将未来收入这一关键资源纳入考虑范畴。在《为什么不这样做？》（*Why Not?*）一书中，巴里·J. 奈尔巴夫（Barry J. Nalebuff）和伊恩·艾尔斯（Ian Ayres）认为，创新源于人们能够觉察到机会并追问为什么不能将这些机会变为现实。[7]奈尔巴夫和艾尔斯鼓励人们这样想：如果他们的资源没有受到限制，将会创造出什么样的产品和服务；如果他们利用这个充满想象力且不受限制的世界，那么他们将会找寻到多少现实问题的解决方案？

做重大决策时，找局外人聊聊

企业界经常聘请我来培训高管，教他们如何更有效地进行谈判，或者对他们重要的具体交易提出相关建议，例如在一项潜在收购中应该采取什么行动。在了解组织所面临的挑战之后，我会提出可能的解决方案。他们听完后经常告诉我，无论是在哪个公司或行业，事情都不是这样做的。每当我听到这种说法，就会进一步追问。有时候，我会发现，我提出的解决方案之所以行不通，原因非常简单：作为一名局外人，因为认识有限，所以我并不能深刻理解各种事实或限制条件。然而，在太多时候我发现这并不合乎逻辑：为什么不能以不同的方式来做事情？这家公司甚至整个行业已经形成了一个值得我们去做出改变的不良习惯。

在这种情况下，我的主要优势并不是我的智力或者创造力，而是我的局外人身份。正因为如此，我能够觉察到一个所有局内人根本想不到的理念。一家公司，有时是整个行业，可能有很多聪明的高管，他们已经接受了各种关于如何做事的制约条件。但是，局外人更有可能觉察到整个系统中存在的某些非正常的制约条件。换句话说，我们更有可能摆脱那些盲视者的影响，正是这些盲视者决定着局内人应该做出什么样的行为。下面就是一个简单的例子。

大多数人都知道，房主在翻修房子时所花费的钱会比计划的多得多，而且完成这个项目所花费的时间也要比预期长得多。作为局外人，我们知道房主在他们的房屋翻修项目中会额外支出一些昂贵的费用，并且在拆除墙壁之后还会出现一些意想不到的问题。所有人都知道这一点，除了即将开始翻修房屋的房主。从一名局内人的角度来看待这个问题，房主会认为他的承包商已经做到了足够仔细，因此房屋翻修项目的相关成本和时间也将是准确的。当他的房屋翻修项目所花费的时间和成本超过预期时，他也会对这种状况有一套自己的说辞。

同样，组织中的工作人员也很清楚，有些项目完成的时间比最初预估的要长（局外人的观点），同时相信他们对未来项目持续时长的预估是准确而客观的（局内人的观点）。我对局外人和局内人做出区分，依据的是丹尼尔·卡尼曼和丹·洛瓦洛（Dan Lovallo）的研究成果。他们指出，局内人往往会将特定情况视为独特情况，而局外人更有可能对各种情况进行归纳总结。[8] 将局外人的论点进一步扩展，从他们的角度来看待问题，可以让我们觉察到更广泛的相关信息。局内人和局外人从不同角度看待问题的区别表明，能够让我们觉察到更多重要信息的另一个策略就是：邀请一名局外人来分享他的见解。这可能意味着向一个值得信赖的朋友征求意见，因为他可能会看到你在某个问题上遗漏的信息。对于那些最重要的决定，你可以请朋友们对将要发生的事情做出最好的评估。比如，翻修房屋可能要花多少钱？我什么时候才能搬进去？或者，试着从一个局外人的角度来思考问题。局外人会怎么想？关键是要收集局外人可以获得的所有信息，这样才能更好地充实你这个局内人的观点。

鼓励团队觉察真正重要的信息

我以前的一位高管学员就是一名一流的觉察者。她很有创造力，能够跨越那些现成的数据，觉察到她所处环境的各个方面，而且在大多数情况下她还是一个做事深思熟虑的人。在她供职的公司，她对自己和周围的人都有很高的要求。然而，让她经常感到失望和惊讶的是，直接向她汇报工作的销售人员并没有觉察到重要信息，也就是那些回想起来她认为是显而易见的信息。就个人而言，她是一名一流的觉察者，但她却未能觉察到为何她的销售人员没有觉察到这些重要信息。

我问这位高管学员，销售人员的报酬怎么样。她以为我在转移话题，但我向她保证没有。她告诉我，她的组织有一个完善的目标制订过程，这种做法也符合常见的目标管理制度下的相关要求。每年，每个员工都会与直属上司一起制订下一年的目标，并根据这些目标的实现情况获得奖励。我让她想想有没有这样一名销售人员，这个人很难觉察到重要信息。有一个人很容易就跃入了她的脑海，我们姑且把他称作贾森。然后，我让她告诉我，贾森过去一年的目标是什么。我听到的是销售额增长 15%，客户满意度提高，等等。接着，我又问她，贾森没有觉察到哪些重要信息。她告诉我，他似乎完全不知道这样一个事实：与其他销售人员带给公司的客户相比，他的客户更有可能到期无法支付货款。因此，尽管他的预估销售金额属于最高水平，但他的客户的实际回款率却处于较低水平。我又问佣金是如何支付的，并了解到佣金是根据销售人员的预估销售金额支付的。也就是说，在客户还没有付款的情况下，贾森也能赚到佣金。高管们也清楚这一点，该公司在没有觉察到重要信息的情况下就已经建立了一个系统，该系统鼓励贾森不去觉察哪些潜在客户可能会给公司造成呆死账，以及哪些客户不会发生这样的情况。

组织会建立系统，包括组织结构、奖励系统和信息系统，这些系统会影响员工关注和忽视的内容。例如，在财务报告领域，外部审计系统的设计方式使审计人员失去了按照职业规范开展业务的动机，即觉察到客户在什么时候会伪造账簿。相反，激励审计人员的主要措施是让他们的客户满意、能够获得重新聘用，以及为受雇客户提供非审计服务。

通常，员工具有觉察到重要信息的分析能力，但是会受到现有组织文化或者激励系统的限制。领导者负有这样一种特殊的责任：建立各种系统，使员工更有可能觉察到重要信息，并以富有成效的方式做出回应。领导者应该审查他们的组织是否存在妨碍所有人觉察到重要信息的各种情况。这通常是达到以下目标所要迈出的第一步：知道需要做出哪些变革才能打造出一个拥有众多一流觉察者的组织。

塞勒和桑斯坦的著作《助推》的重要意义之一就是提出了选择架构（Choice Architecture）这一概念。选择架构利用我们对大脑工作方式的认知，识别出公民、消费者和员工在选择过程中的最优方式。之前我们讨论过埃里克·约翰逊和戈德斯坦的研究成果，他们的研究或许是有关选择架构的最著名的例子。他们的研究表明，要求公民选择自愿退出器官捐献系统的那些国家的器官捐献率，要比要求公民必须经过注册才能捐献器官的那些国家高得多。[9]

本书向领导者提出了挑战，要求他们也要觉察到选择架构。领导者在太多情况下未能觉察到他们已经设计出了这样的系统：鼓励人们去设定一个错误的目标（预销售金额），而不是去达成一个更合适的目标（组织的实际利润）。我鼓励所有的领导者更好地关注选择架构并设计出这样的系统：鼓励员工觉察到那些真正重要的信息。

我想，你和我一样天生就具备专注做事的能力。我也希望，你不要失去专注于你正在做的事情的能力。但是，像我们这样的专注者应该定期休息一下，移除我们的障目之物，并觉察到我们周围所有有价值的信息。正如我希望你学到的那样，专注很重要，但是有时候更重要的是觉察到重要信息，至少在你做出关键决策的时候是这样。我希望，本书已经为你提供了有用的指导原则，同时也能帮助你成为一名一流的觉察者。

THE POWER OF NOT!C!NG

本章小结

1. 一流的觉察者能够跨越错误的直觉去仔细分析有关数据。
2. 创新源于人们能够觉察到机会并追问为什么不能将这些机会变为现实。
3. 关键是要收集局外人可以获得的所有信息，这样才能更好地充实你这个局内人的观点。
4. 局外人更有可能觉察到整个系统中存在的某些非正常的制约条件。
5. 邀请一名局外人来分享他的见解。
6. 领导者负有这样一种特殊的责任：建立各种系统，使员工更有可能觉察到重要信息，并以富有成效的方式做出回应。
7. 专注很重要，但是有时候更重要的是觉察到重要信息，至少在你做出关键决策的时候是这样。

致谢

本书记录了我试图成为一名一流觉察者的历程。我不太确定我是否真的已经做到了这一点，但是我很确信我已经在朝着这个方向迈进了。而且，在这条道路上我拥有了很多导师，他们包括迪克·鲍尔泽（Dick Balzer）、马扎林·贝纳基、帕蒂·贝林杰（Patti Bellinger）、沃伦·G. 本尼斯、艾里斯·博内特（Iris Bohnet）、多莉·舒格、妮塔·巴拉克·科伦（Netta Barak Corren）、马拉·费尔凯尔、皮纳尔·弗莱彻（Pinar Fletcher）、戴维·格根、弗朗西丝卡·吉诺、乔希·格林（Josh Greene）、卡里姆·S. 卡桑、乔治·勒文施泰因、戴维·梅西克（David Messick）、凯蒂·米尔克曼（Katy Milkman）、唐·A. 穆尔、奈如·波哈利亚（Neeru Paharia）、托德·罗杰斯、奥维尔·塞泽尔（Ovul Sezer）、凯蒂·肖克（Katie Shonk）、莉萨·舒（Lisa Shu）、安·坦布瑞斯（Ann Tenbrunsel）、钱春隽（Chia-Jung Tsay）、张婷（Ting Zhang），以及其他现在无法一一提及的诸多合著者和朋友们。

自 1998 年以来，我的觉察力研究项目就一直受到哈佛商学院的支持。学院里的谈判学、组织学和营销学的学术同人，以及在此期间和我一同工作的优秀博士生，他们都是我从事此项研究过程中一个巨大的智慧来源。就在最近，我与戴维·格根一同成了哈佛肯尼迪政府学院“公共领导力研究中心”的负责人。对我来说，这是我将觉察力看作一项关键领导力才能的最重要的经历。在将觉察力视作一项核心领导力才能的过程中，我与戴维和执行理事帕蒂·贝林杰共同管理研究中心，他们为我的研究提供了真知灼见、同理心以及满腔的热情。戴维和帕蒂是高效的领导者和一流的觉察者，我目睹了他们如何看到我忽视的信息，这让人印象深刻。沃伦·G. 本尼斯长期担任“公共领导力研究中心”的顾问委员会主席，他首次将“一流觉察者”这一术语引入领导力领域。

如果仅凭我一人之力，本书不会有如此高的质量。很久以前，我就觉察到许多人的遣词造句能力要远胜于我，而且我也受益于他们对我的帮助。在过去的 20 年里，凯蒂·肖克一直是我的研究助理、合著者和校订者。凯蒂对我的草稿进行了润色，让书稿呈现出更好的效果。此外，她还将其觉察技能运用到自己现在的作品中。《芝加哥太阳报》（*Chicago Sun-Times*）的评论员海蒂·韦斯（Hedy Weiss）评论凯蒂的小说《你现在开心吗？》（*Happy Now?*）时指出，凯蒂是一位一流的觉察者。来自哈佛商学院的伊丽莎白·斯威尼（Elizabeth Sweeny）是我的助教，在本书的写作过程中，她对书稿进行了多次校阅，提高了语言表达的清晰度，并富有洞见地对我所传递信息的呈现方式提出了质疑，同时为了保证作品的客观性，也对书稿做了很多额外的引证。西蒙与舒斯特出版社的副总裁和资深编辑托马斯·利比恩（Thomas Lebien）是本书的编辑，在本书的出版过程中为我提供了细致的编辑、指导建议和深刻的见解。本书能够拥有更清晰的逻辑结构和更明确的表达效果，都要归功于托马斯许多深刻的见解。在这之前，我也出版过很多本书，很显然托马斯是我遇到过的最富有洞察力的编辑。

本书的顺利出版还要特别感谢多莉·舒格。在 2001 年多莉被招收为组织行为学博士生的时候，我就认识了她。在接下来的 5 年时间里，多莉成了我最珍视的工作伙伴。如果多莉当时决定去攻读另一个方向的博士生，那么我就不可能顺利完成过去 12 年中所做的绝大部分研究工作。在她哈佛求学的 5 年时间里，我与多莉和马扎林·贝纳基共同搭建了“有限道德”这一概念，马扎林在他与巴斯卡尔（R. Bhaskar）于 2000 年合作发表的一篇文章中独创性地提出了这一术语。2006 年，多莉从哈佛大学获得博士学位，并在纽约大学获得一个长聘教师职位。我与多莉和马扎林的研究成果成了《盲点》（*Blind Spots,* 普林斯顿大学出版社）一书的核心部分，这本书由我和安·坦布瑞斯于 2011 年合作出版。当时我们曾邀请多莉一起作为该书的合著者，由于她还是一名非终身制教授，需要更专注于在学术期刊上发表文章，因而谢绝了我们的邀请。多莉和我创造了“有限认知”这一术语，该术语指明了与本书中详尽论述的觉察力相关的那些主要挑战。这一次，我又邀请多莉成为本书的合著者，她再次以同样的理由谢绝了邀请。我希望下一次的合著邀请能够得到她的肯定回复。最后，还有一件事情需要说明：就像我身边的许多人那样，多莉也是一名一流的觉察者！

译者后记

作为做决策的重要群体，领导者在组织中扮演着非常重要的角色。无论是营利性组织还是非营利性组织，正是通过领导者的准确判断和正确决策，才能够在纷繁复杂的环境中“拨开迷雾”，最终实现目标。在这个过程中，是否能够注意到那些足以影响组织生存和发展的重要信息并就此做出及时而有效的回应，就自然成为评判一位领导者是否合格的重要标准之一。也可以说，要想成为一名更好的决策者，你首先须是一名一流的觉察者，总能够比绝大多数人善于捕捉到更多、更重要的信息。

领导者肩负着责任，而其中的一个关键责任就是能够觉察到各种重要信息，尤其是在他们的组织出现严重问题或者重大危机之时。从这个角度来说，觉察力是一项关键的领导技能。然而，在实际的决策环境中总是有各种各样的因素导致领导者无法觉察到重要信息：人们可能认为“你所看到的就是全貌”，进而会根据有限的信息匆匆忙忙地做出错误的决策；领导者可能基于自身的最佳利益考虑，而没有注意到他人的不当行为，甚至还可能故意忽视或亲自从事这种行为；组织中的一些人会通过各种误导手法来阻止领导者觉察到重要信息；

我们经常无法注意到眼前逐渐发生的各种变化，尤其是那些潜在的非理性行为和不道德行为；管理者由于对自身的判断过于自信，因而会做出具有偏差的决策；等等。

当然，仅仅提出问题并不是本书作者的写作目的。作为一位在全球范围内知名的领导力研究者和实践者，巴泽曼认为通过持续的学习和系统的训练能够帮助你成为一名一流的觉察者，并为读者提供了多方面的建议：不要将自己过度局限于眼前的信息范围，要主动索要有助于决策的额外信息；通过换位思考来理解对方的动机，从而规避其他人借助各种方法对我们进行的各种误导；克服无意盲视和有限认知的障碍，移除障目之物；领导者需要在组织内部为成员提供畅所欲言的激励措施，从而避免那些动机性盲视的行为；在全组织范围内建立更多、更明智的监督系统，及时发现各种滑坡行为；关注那些并没有发生的事情，并从中觉察到异样；对那些"好到了近乎不真实"的事情抱有怀疑态度，并进一步做出准确的判断；通过超前思维来觉察问题，从而避免可预见的危机的发生；等等。

为了让读者能够比较容易地理解其论述主题，作者引用了大量全球知名的案例或者亲身经历的事例，更加形象有力地对相关问题加以论证，从而达到让读者能够见微知著、小中见大的写作目的。这也是本书的一大特色。此外，作者将自己在管理者决策课堂中的代表性模拟训练放到了本书中进行深入讨论，还将自己在工作和生活中的一些事例进行引申和延展，这都让读者的阅读体验更直观、有趣。

对于译者来讲，本书的翻译也是一个互相学习和协作努力的过程。本书的翻译工作由两位译者共同完成，他们的分工如下：唐文龙负责 1~7 章、11~12 章的翻译，孔令红负责 8~10 章的翻译。孔令红对翻译初稿进行了校对和修改，唐文龙对翻译终稿进行了审阅和修改。最后，希望能够带给读者一次愉快的阅读体验。

扫码下载“湛庐阅读”App，

搜索“信息背后的信息”获取本书注释。

未来，属于终身学习者

我这辈子遇到的聪明人（来自各行各业的聪明人）没有不每天阅读的——没有，一个都没有。巴菲特读书之多，我读书之多，可能会让你感到吃惊。孩子们都笑话我。他们觉得我是一本长了两条腿的书。

——查理·芒格

互联网改变了信息连接的方式；指数型技术在迅速颠覆着现有的商业世界；人工智能已经开始抢占人类的工作岗位……

未来，到底需要什么样的人才？

改变命运唯一的策略是你要变成终身学习者。未来世界将不再需要单一的技能型人才，而是需要具备完善的知识结构、极强逻辑思考力和高感知力的复合型人才。优秀的人往往通过阅读建立足够强大的抽象思维能力，获得异于众人的思考和整合能力。未来，将属于终身学习者！而阅读必定和终身学习形影不离。

很多人读书，追求的是干货，寻求的是立刻行之有效的解决方案。其实这是一种留在舒适区的阅读方法。在这个充满不确定性的年代，答案不会简单地出现在书里，因为生活根本就没有标准确切的答案，你也不能期望过去的经验能解决未来的问题。

湛庐阅读APP：与最聪明的人共同进化

有人常常把成本支出的焦点放在书价上，把读完一本书当作阅读的终结。其实不然。

时间是读者付出的最大阅读成本
怎么读是读者面临的最大阅读障碍
“读书破万卷”不仅仅在“万”，更重要的是在“破”！

现在，我们构建了全新的“湛庐阅读”APP。它将成为你“破万卷”的新居所。在这里：

- 不用考虑读什么，你可以便捷找到纸书、有声书和各种声音产品；
- 你可以学会怎么读，你将发现集泛读、通读、精读于一体的阅读解决方案；
- 你会与作者、译者、专家、推荐人和阅读教练相遇，他们是优质思想的发源地；
- 你会与优秀的读者和终身学习者为伍，他们对阅读和学习有着持久的热情和源源不绝的内驱力。

从单一到复合，从知道到精通，从理解到创造，湛庐希望建立一个“与最聪明的人共同进化”的社区，成为人类先进思想交汇的聚集地，与你共同迎接未来。

与此同时，我们希望能够重新定义你的学习场景，让你随时随地收获有内容、有价值的思想，通过阅读实现终身学习。这是我们的使命和价值。

湛庐阅读APP玩转指南

湛庐阅读APP结构图：

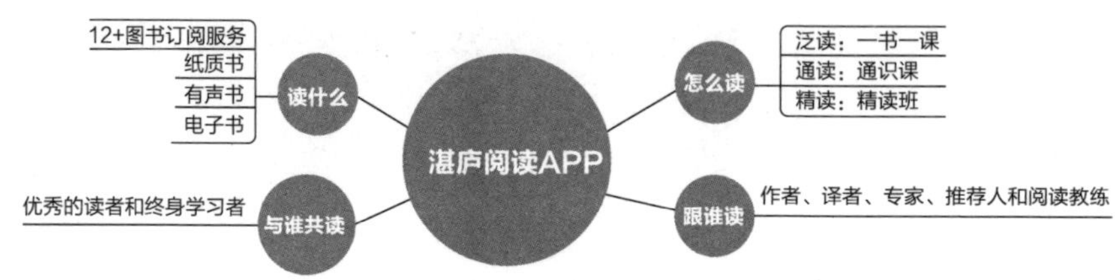

三步玩转湛庐阅读APP：

读一读 ▼

湛庐纸书一站买，
全年好书打包订

书城

听一听 ▼

泛读、通读、精读，
选取适合你的阅读方式

精读班 一书一课 通识课

扫一扫 ▼

买书、听书、讲书、
拆书服务，一键获取

扫一扫

APP获取方式：

安卓用户前往各大应用市场、苹果用户前往APP Store
直接下载“湛庐阅读”APP，与最聪明的人共同进化！

使用APP扫一扫功能，遇见书里书外更大的世界！

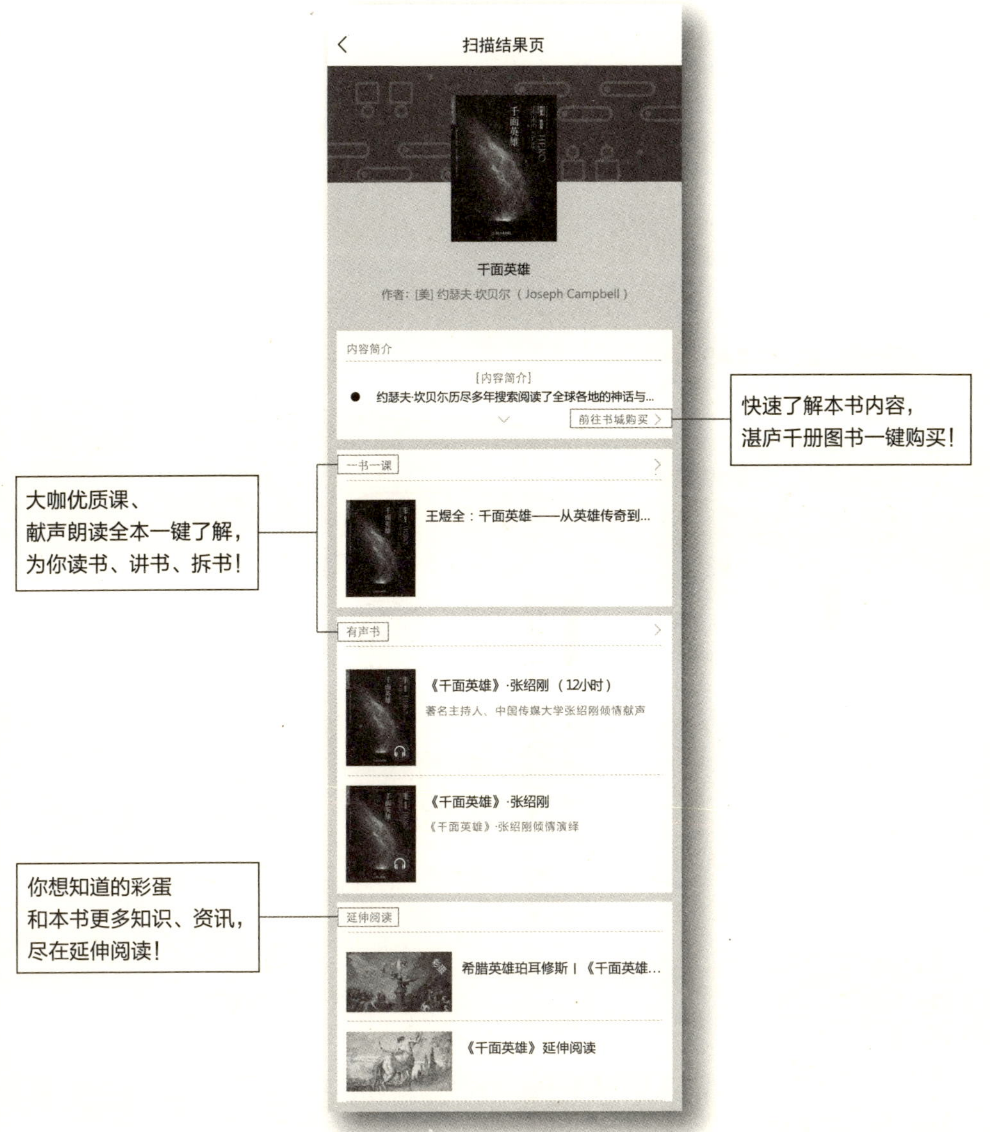

湛庐CHEERS

延伸阅读

《创意天才的蝴蝶思考术》

◎ 牛顿、达尔文、爱因斯坦、爱迪生、乔布斯等都使用过的思考方式。

◎ 人工智能时代，突破性灵感的创造能力不仅是我们投身职场的必需装备，而且是我们决胜未来的关键所在。

◎ 斯坦福大学创新大师奥利维娅揭秘创意天才的灵感来源，手把手教你像天才一样思考，让灵感和创意源源不断迸发。

《精英的人格魅力课》

◎ 谷歌、香奈儿、花旗集团、英国巴克莱银行、德勤会计师事务所等知名企业高管培训教程，揭秘精英人士的魅力技巧，全方位提升你的魅力指数！

◎ 无论你处于人生的任何阶段，《精英的人格魅力课》都能为你带来好处。

◎ 书中不仅讲述了魅力的技巧、练习方法，还提供了科学的理论依据加以佐证。

《脑力升级手册》

◎ 本书将用科学视角带你重新认识“成功”，了解“成功者”是如何突破自我局限，达成目标的；同时，还给予了具体的行动指南，让你不再受困于低效的忙碌之中。

◎ 即学即用。书中对脑力升级的 8 大要素一一做了详细解说，并配有科学研究的小窍门，可以用来提升你的脑力。

◎ 科学严谨，拥有强大的脑神经科学和心理学背景，作者中有一位是哈佛医学院的心理学家，还有一位是脑科学家。

《哈佛经典谈判术（经典版）》

◎ 美国著名的谈判学、心理学大师的经典之作，美国企业界、商学院受欢迎的谈判课。

◎ 精彩的谈判兵法，书中有大量真实复杂案例的经验总结。管理大师马克斯·巴泽曼教你成为与众不同的谈判专家！

◎ 畅销书《高效能人士的七个习惯》作者史蒂芬·柯维，管理大师、畅销书《决断》作者沃伦·本尼斯鼎力推荐！

图书在版编目（CIP）数据

信息背后的信息 /（美）马克斯·巴泽曼著；唐文龙，孔令红译 . —杭州：浙江人民出版社，2019.3

书名原文：The Power of Noticing: What the Best Leaders See

ISBN 978-7-213-09110-0

Ⅰ . ①信… Ⅱ . ①马… ②唐… ③孔… Ⅲ . ①企业情报—通俗读物 Ⅳ . ① G250.255-49

中国版本图书馆 CIP 数据核字（2019）第 030343 号

浙 江 省 版 权 局
著作权合同登记章
图字：11–2019–18 号

上架指导：商业管理 / 决策

本书法律顾问　北京市盈科律师事务所　崔爽律师
张雅琴律师

信息背后的信息

［美］马克斯·巴泽曼　著
唐文龙　孔令红　译

出版发行：浙江人民出版社（杭州体育场路 347 号　邮编　310006）
市场部电话：（0571）85061682　85176516
集团网址：浙江出版联合集团　http://www.zjcb.com
责任编辑：傅　越
责任校对：戴文英
印　　刷：石家庄继文印刷有限公司
开　　本：720mm×965mm 1/16　　印　　张：14.25
字　　数：178 千字　　插　　页：0
版　　次：2019 年 3 月第 1 版　　印　　次：2019 年 3 月第 1 次印刷
书　　号：ISBN 978-7-213-09110-0
定　　价：69.90 元